nature education

ネイチャーエデュケーション

長谷部 雅一

身近な公園で子どもを夢中にさせる自然教育

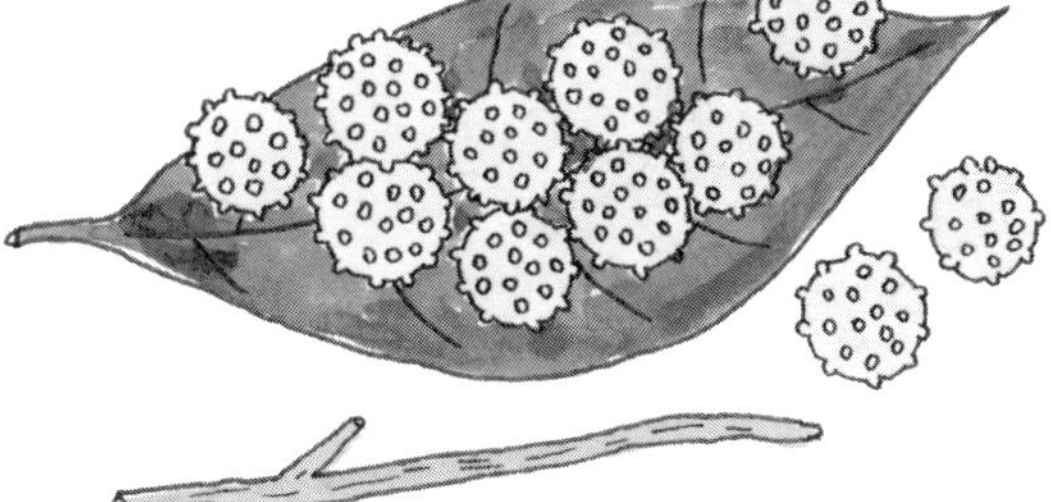

みくに出版

装丁／村上智一
編集・DTP／太田穣

もくじ

秋

冬

第5章　子ども達にケガをさせないために　233

nature education for children

プロローグ

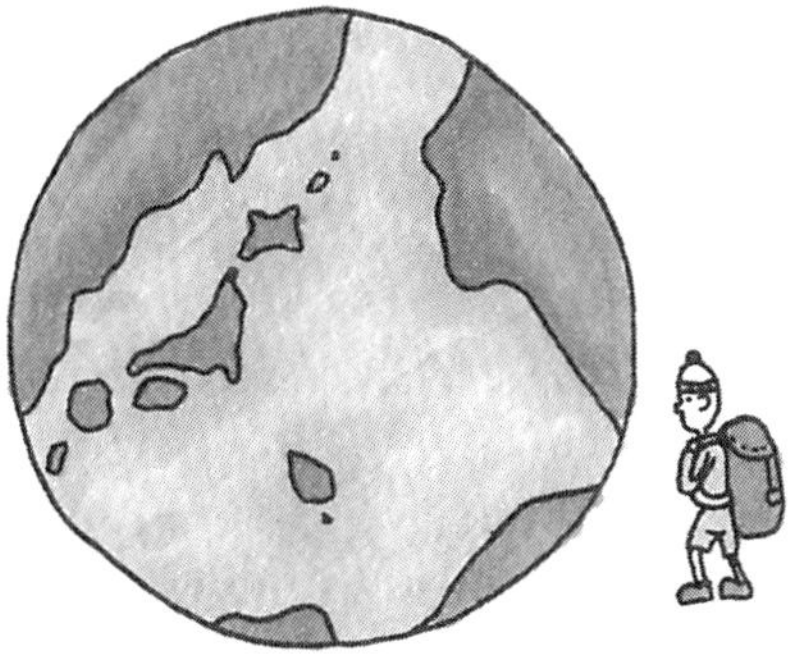

現地の子ども達は旅人の救世主

私は、22歳のころ、1年かけて世界一周の一人旅をしました。大陸間の移動以外は公共のバスや電車、自転車、歩き、時にはヒッチハイクといった手段を使って陸路でユーラシア大陸、アフリカ大陸、南アメリカ大陸、中米、北米を縦横断しながら移動する旅です。

砂漠やジャングル、町や村を越えて、まだ見ぬ新しい世界を肌で感じる旅で学んだのは、旅の生活自体が情報戦であるということです。

旅でもっとも重要なのは、新しい国、新しい土地に入った時にはまず情報収集をすることです。得るべき情報は現地の言葉、周辺の宿、公共施設、おいしい地元の飯屋、商店の場所、そしてもっとも重要なのがそれらの〝正しい値段〟です。

いくつもの国境を越えながら旅をしていると、ガイドブックには載っていないような小さな町や村を訪れることも多々あります。大都市であれば英語が通じるインフォメーションセンターに行けばすむ話ですが、小さな町や村ではそうもいきません。モノの正しい値段は、日本においては表記価格が適正価格ですが、途上国では価格はあってないようなもので、価格の表示すらない場所もたくさんあります。たとえば10円のパンも、現地の価格を知らない人間が買い物に行って店主に1000円と言われたらそれが定価となってしまいます。いくら私が穴の空いたTシャツにソールがはがれかかったサンダル姿で旅行していたとしても、地元の人からすれば私は旅をする余裕があるちょっとしたお金持ちというふうにカテゴライズされてしまいます。だから彼らは〝適正価格〟を要求しているのです。

ちょっと親切そうな人が私の近くに現れて、「この値段はちょっと高いよ！　もっと安くしてあげなさい！」なんて、店主と僕の間に入って流暢な英語で通訳をしながら言ってくれることもありますが、なんとなく500円くらいに下がった価格で私が購入後、店主と間に入ってくれたその人を見ていると店主がその人に200円程度支払っている……なんていうシーンも珍

しくありません。

違法とか合法とか、ずるいとかずるくないとか、そういうことではなく、そこでは知らないこと自体がいけないのです。

数え切れないくらいの〝ぼったくり文化〟での失敗をもとに私が体得したのは、必要な情報は正しい情報の提供主から得るという方法です。その提供主とは、市場の店主や町の大人達ではなく、日常的に家の手伝いをさせられていて、かつ通貨価値の価格設定が低い子ども達のことです。彼らからのほうが、かなりの確率で正しい情報が得られました。

子ども達とのやりとりから得た法則

子ども達から情報を得るために必要なのは、まずは子ども達の仲間に入れてもらうことです。仲間に入れてもらうためには一緒に遊ぶことが重要になるわけですが、言語も通じない子ども達と始めるコミュニケーションが困難極まりないのです。

私が、アフリカ大陸のスーダン共和国からエチオピアに入ってすぐの村「シャハディ」に到着した時の体験をもとに少しご紹介します。

エジプトからスーダンまではアラビア語で、どうにか必要最低限の言葉を覚えながらここまで来たのに、エチオピアに入った瞬間から言語が「アムハラ語」に変わってしまいます。これまで覚えた言葉は何も通じません。通じたとしても、そこに適正な情報がある可能性がぐんと下がってしまいます。

村に到着したのは日が暮れる寸前だったので、この日はひとまず国境近くにいる人に言われるがままに食事をして、飲み物を買い、旅行者用の宿（といっても屋根はあるけど壁はない）のガタガタのベッドで就寝しました。

翌朝は、周辺の情報収集のために村の散策に出発。村のメインストリートは砂利と砂と形を失ったゴミが散らばった乾いた道で、ロバの引く台車が通り過ぎるたびに砂煙が舞い上がるような道路。

両サイドに並ぶ商店は、木の形そのままの材で組まれた柱に波トタンの屋根と土の壁をくっつけたもので、軒先に牛の内臓がぶら下げられていたり、布で作られた日陰の地面に小さくて色が薄いトマトが並べられていたりするような、青空市場と日本の戦後の闇市を足して2で割って、それを陽気な雰囲気にしたような感じでした。道ばたでお手製の卓球台で真剣勝負をする若者や、山羊を追い立てる子ども達、木枠に手編みの網を張ったベッドに水をかけて軋みを取っているおばあちゃんなどがのんびりと過ごしています。

目の前にある新しい文化と風景にワクワクしながらメインストリートを抜けると広場があり、そこでは幼児から小学校低学年にあたる子ども達が楽しそうに遊んでいたので、私はその子ども達のところへ向かっていきました。

子ども達は、私を見るやいなや「チノ？　チノ？」と目をギラギラさせて近づいてきます。チノはスペイン語で中国人という意味ですが、なぜか世界のどこでも使われていて、日本人と中国人の見分けがつかない国の旅行者はよくそう呼ばれます。私は国境で手続きをしている際に管理局の人から教わった数少ないアムハラ語で「アーイ(いいえ)」と答える。この1回の言葉のキャッチボールから、彼らとのやりとりが始まりました。

僕が日本人とわかると、突然始まる忍者ごっこ。彼らは我先にと自分がどれだけアクロバティックな技ができるか披露し始めます。側転、とんぼ返りなどを何語ともわからない奇声をあげながら次々に繰り広げる彼らから「おまえもやって見せろよ！」的なジェスチャーを受けて、私も後方宙返りをして見せました。すると、彼らは驚きの声をあげて、「もう1回やってくれ」とジェスチャーをするのでもう1回披露する。そのまま巻き込まれるように続いて始まったのが、「誰が一番遠くに石を投げられるか」や、「徒競走」や鬼ごっこのようなもの。この数十分間のやりとりで、僕は彼らとの境界線を1ステップ越えられたように感じました。

さすがに疲れた僕は地面に座ると、ニヤニヤしながら彼らも真似をして座りだす。あまりにものどが渇いたので、僕は彼らに水を飲みたいというジェスチャーをする。そうすると、子ども達は「ウハ！」「ウハ！　ウハ！」と口をそろえて言い出しました。きっと「ウハ」とは飲み物のことだろうと思い、それが欲しいことを伝えると彼らの中の一人が買ってきてくれるというのです。僕は国境で両替したばかりのお金の一番大きな額から小さな額までの紙幣を彼らの目の前に出すと、一番小さな額の紙幣を持って一人が駆け出していく。すぐに戻ってきた少年は、たくさんのおつりと、1・5リットルの水を持ってきてくれました。お金をあえてその子ども達の前で数えると、なにやら子ども達の協議が終わった後、そろって「アンド、フレット、ソスト……」と、僕が紙幣を数えるのに合わせて呪文を唱え始めます。じっくり聞いていくと、これが数字の1、2、3だということがわかりました。

これを再確認しながらノートに書き始めると、子ども達は自分が先生になったかのようにものすごい勢いで次々と教え始めてくれます。たとえば、「ウハ」は「水」であること、「食べ物」は「メグブ」であること、「おいしい」は「コンジョノウ」、「いくら？」は「スントノウ？」、「泥棒」は「レバ」であることなど、僕が必要だろう言葉を伝授してくれるのです。1・5リットルの水の回し飲みが終わるころには、彼らと肩を組みながら村へ戻るほど仲間になることができました。僕にとって、子ども達は旅の貴重な情報を教えてくれる先生になったわけです。

このようなやりとりを、新しい国、民族エリア、町、村と続けていくうちに、私はどんな場所でも現地の子ども達と一緒に遊べるようになってきました。なぜそんなことができるようになったかというと、子ども達と過ごすさまざまな時間から「子どもが好きな動作と行動の法則」を体験として学んだからです。子どもが好きな「動作」と「行動」の法則は、それぞれ五つずつ、次のような項目です。

子どもが好きな動作

走る　目標に向かって走る、ステップを使って走る、短・長距離を走るなど。
飛ぶ　高いところから飛ぶ、長い距離を飛ぶ、高く飛ぶなど。
投げる　高く投げる、遠くまで投げる、目標に向けて投げるなど。
登る　高いところ（木、岩、建物）を登る、斜面を登るなど。
転がる　体を寝かせて転がる、アクロバティックに転がる（マット運動のような動作）など。

子どもが好きな行動

競争する　チームで、個人で。
見つける　人を見つける、目標物を見つける。
自慢する　特技を自慢する、持っている物を自慢する。
教える　知っていることを教える。
真似する　人、物、そのほか生きものなど対象物の真似をする。

これらの項目は「当たり前じゃないか！」と言われそうなことばかりですが、後々の旅も含めて40数ヵ国の子ども達とやりとりをしていて、すべての子ども達が共通して好きだということがわかったとき、私にとって今の幼児自然体験の大切な法則になったのです。

大人な思考は旅の命取り

子どもの好きな動作や行動を体験から学んだ私は、その後もさまざまな場所で子ども達と遊びながら情報を得て、旅を続けました。

時には「旅行者がよく集まるレストランの鶏肉の絞め方はへたくそだから、肉が固くてまずい」という情報を。そしてある時は、「あの果物屋のおばちゃんは、いつも重さをごまかすからちゃんと見ていたほうがよい」とか、「国境を越える時のゲートの監視員の男性は日本好きだから、その人が立っているゲートを通るとよい」といった内容のことまで、僕が旅をするためには無くてはならない情報が、子ども達が見聞きする世界にはあったのです。

しかし何回かに1回、どうもうまくいかないことが起き始めました。どんな土地でも盛り上がった遊びなのに、なぜか会話も何も盛り上がらないまま途中で飽きられてしまったり、時には子ども達がいなくなってしまったりしたのです。これはガイドブックを持たない僕にとっては命取りになりかねない出来事でした。

標高5895mのアフリカ大陸最高峰キリマンジャロ山に登頂した後、休憩と自分へのご褒美もかねてタンザニアにあるザンジバル島という楽園のような島へ行った時のお話です。島に到着した時、情報をもらいに行こうと子ども達に近づきあいさつをすると、一瞬こちらを向いてくれるものの……無視。聞こえなかったのかと思い、もう一度あいさつをしても結果は同じでした。この日は「なんか感じが悪い子ども達だなあ」と思い、島のビーチの石垣に座って夕日を眺めながらビールを飲んで就寝。この島には数日滞在する予定だったので、翌日再び子ども達のところへ行って、コミュニケーションをとろうとしても結果は同じ。やっとの思いで子ども達の輪の中に入れてもらい、鬼ごっこのような遊びに加わり、遊び始めるも、どうも歯車が合わないらしく、子ども達は一緒に遊ぶのに飽きて私を置いたまますぐに違う遊びを始めてしまいました。この時の仲間はずれ感のある寂しい気持ちは、いまだに忘れられません。

私はしかたなく鬼ごっこでかいた汗を引かせるために、涼しい椰子の木陰で日記を書き始めることにしました。数日分の日記をつらつらと書いていると、ほどよい疲れと木陰の涼しさが相まって、私はいつのまにかうとうとしていたようです。数十分程度の昼寝の後、人の気配にふと目を開けると子ども達が書きかけの日記をのぞいていました。子ども達一人一人と目を合わせると、みんなになやらニヤニヤしながら話をしています。目が覚めた僕と目が合うと、一呼吸するまもなく突然子ども達が「これは中国語か?」と聞いてきます。唐突な質問に、僕も「言葉に興味があるの?」と聞くと、子ども達は「そう!」とうなずき、目についた文字を地面に書き出しました。その日は一転、彼らが飽きるまで日本語の文字をまねっこする時間で過ぎていくこととなりました。

世界の子ども達がくれたギフト

この出来事が私に教えてくれたのは、「まずは私自身が子ども達に本当に興味を持たないと何も始まらない」ということです。今考えてみれば、子ども達は出会った当初、私が子ども達に興味を持ったのではなく、子ども達が持っている情報に興味があったことを〝フィーリング〟で見透かしていたようです。

自分達に興味を持っていることを理解した子ども達は、一変して翌日も一緒に遊ぶことになりました。より彼らのことを知りたいと思った私は、大人げなく本気でいろいろな遊びをしました。

この経験から大切なことを学んだ私は、さらに旅を進めながらさまざまな国や地域の子ども達と遊びました。そしてその子ども達は私にさまざまなことを、さらに気づかせてくれたのです。たとえば、競争をするかけっこでも、距離を伸ばしたり、障害物を足したりと発展させていくと子ども達はより真剣に夢中で遊びます。また、子どもが好きな動作や行動を展開しつつも、同じような遊びを続けるのではなく、走る遊びから登る遊びへ、競争する遊びから何かを教える遊びへと、動きの方向が変化したり、静から動へ展開をするなど心の振り幅ができるような、ある意味対極的なもので構成すると、飽きることなくずっと一緒に遊んでくれることを学びました。

「子どもが遊びたくなる心理」とでもいいましょうか、これらの学びを私なりに整理すると、次の3点となります。

子どもが遊びたくなる心理

●子どもがみずから興味を持つ。
●遊びを発展させる。
●遊びの構成を「動から静へ」など、対極にあるもので組み合わせる。

ここまでお伝えしてきた〈子どもが遊びたくなる動作〉、〈子どもが遊びたくなる行動〉、〈子どもが遊びたくなる心理〉、この3つを学んだ僕の旅はより自由に、そして豊かになったことは言うまでもありません。これは世界中の子ども達が私にくれたギフトです。最近、3つのこの法則は大人にとってもまったく同じように通用するということも発見しました。

このギフトを、私は今もなお子どもと自然遊びをするとき、プログラムを考えるときの大切な3本柱として活用しています。

nature education for children

第1章
自然遊びの種

現場より——保育園での自然遊び

小さな先生

子ども達との自然遊びが始まったのは2005年の春。当初は保育園1園、幼稚園1園、それぞれの年長さんとの活動です。保育園は総数20名弱と目が届く範囲の人数に対して、幼稚園は80名以上の大所帯。対極的な2園です。活動場所は、それぞれの園庭はもちろんのこと、「お寺の裏山」「雑木林」「田んぼ」といった、各々の地理的特徴を活かしたフィールドも活動場所として利用してきました。

当初は世界の旅で学んだ感覚や経験が大いに役立ったものの、それだけではうまくいかないことばかり……。言ってしまえば、毎回子ども達のエネルギーに惨敗です。悪戦苦闘の日々を重ねること10年、私は自

由奔放で小さな〝先生〟達にたくさんの経験をさせてもらいました。

さらにその後、さまざまな保育園や幼稚園でのフィールド活動で積み重ねた経験を、活動フィールドの魅力やエピソードとともに、少しここでお話しさせていただこうかと思います。

アドベンチャーランド「お寺の裏山」での活動

お寺の裏山は、これまで活動してきたフィールドの中でもっともコンパクトで冒険的なフィールドです。このフィールドは文字通り「お寺の裏にある山」なので、登山をする山とは違ってゆっくり歩いても10分以内に外周を歩ききれてしまうコンパクトな敷地です。しかしこの小さな山は、ほとんどが斜面で平地が少ないのが特徴。ツルツル滑る程度の斜面から、木の根につかまりながらちょっとしたロッククライミング気分を味わいつつ進まなくてはならない斜面まで、難易度の異なる斜面で構成されています。また、森はクマザサ、竹、そのほかさまざまな雑木で構成されており、楽しめる要素が1分歩くごとに次々と変わります。

そして「お寺」というのがポイントです。たいがいのお寺の庭には池があり、そこには鯉が泳いでいます。さらに四季の彩りを楽しめる桜やアジサイ、モミジ、精進料理で実を油として使ったカヤ、風光明媚な風景を彩るマツ、おいしいお茶が飲めるチャノキ(お茶の木)など、まさにお寺ならではの植生があります。

季節ごとにさまざまな色や香りを楽しめるほかに、それらの植生に合わせた生きものがたくさん生息するコンパクトな裏山があるお寺は、子ども達と一緒に遊ぶのには最高のフィールドです。

実際にどのような遊びをしてきたかというと、春は桜の花びらシャワーをみんなで浴びたり、草地を舞うチョウ類の捕獲や観察、梅雨の時期は葉に集まる水滴の観察をしました。夏は裏山に生えているクマザサを適度に刈って小道を作り、探検遊びをし

たり、V字のマツの葉をからめて引っ張り合うマツの葉相撲。秋は落ち葉をたくさん集めてマットがわりにして少し高いところから飛び降りたり、その場でトランポリンのように跳ねたり。木の実や枝を集めて紙に貼り、アートな時間を過ごしたりもしました。そして冬は、地面に下草がなくなった裏山を縦横無尽に走りまわったり、池に張った氷で遊んだりました。

どれも子ども達には人気の遊びで、活動後も子ども達みずから同じ遊びをしていたようです。

バタバタ事件

お寺の裏山で自然遊びをしている際に、新年度初めの時期によく起きた事件が「バタバタ事件」です。多くの子ども達が斜面を歩いているとバタバタと転ぶのです。しかも転び方が、地面に手をつくわけでもなく、おしりをつくわけでもない、受け身のないちょっと危険な転び方なのです。さすがに私はドキッとしました。

最初に「どうしてこんなにたくさんの子ども達が転ぶのだろう？」と不思議に思ったのは、幼稚園での活動の時です。

「お寺の裏山を歩いて探検しよう！」をテーマに森を歩いた時のこと、緩やかな上り坂を歩きながら、ふと後ろを振り返ると、子ども達はだいぶ遅れていました。私が想定していたよりも歩く速度が遅かったのです。少し待って合流後、子ども達のペースに合わせて歩いていると、突然一人の男の子が前のめりに転びました。私が見る限りでは転ぶ要素がまったくない地面なのに、その後もバタバタと子ども達が転ぶのです。

私からすれば、これは名探偵以外にこの謎は解けないのではないかというくらい不思議な出来事でした。あまりにも続くので、放ってもおけず、私は彼らをよく観察してみることにしました。

観察すること数ヵ月、とうとうその理由がわかりました。

日常生活をしている場所はたいがいが平坦な場所です。それとくらべて自然の道は平坦に見えても実は微妙なでこぼこがあり、また水平ではありません。ほんの1〜2㎝のでこぼこでも、子ども達の身長、足のサイズからすれば大人にとってのそれとくらべてだいぶ大きな変化となり、その変化に体の機能が対応しきれずに転んでしまうようでした。

これに気づいた私は、足元のほかに上半身も観察するようにしました。その結果、また新たな発見がありました。転んでしまう多くの子ども達は、頭の揺れも大きく、かつ、転ばないためには傾いた方向と逆に自重を持っていってバランスをとらなければならないのに、それができていなかったのです。さらにどうやら「転び慣れ」していないようで、転ぶ直前に自然と体が安全な方向に傾くといった瞬間的な（自然な）動きがないことも、先生方からの聞き込みでわかりました。ボディーバランスが非常に悪かったのです。

お寺の裏山は天然のトレーニングジム

活動を通して子ども達のいろいろな姿が見えてきたことで、幼稚園、保育園の先生方と相談して決めた方向性は、「自然の中で遊びながらボディーバランスを整えていこう」というものでした。実際に活動を続けていくと、はじめはバタバタ事件がひんぱんに起きていたのですが、年度の後半には子ども達は急斜面を好

んで登るようになりました。そして下り坂で勢いよく転んでも、大胆に回転しつつも無傷で立ち上がり、そのまま笑いながら活動に戻っていく光景を目にするようになりました。

これを3年、5年と同じ園で活動を続けた結果、「自然の中で遊ぶことでボディーバランスが整う」ということを実感しました。その成果を活かして、現在では小学校から始まる「評価体育（教科としての体育）」の前段階として、きれいな力の使い方、ケガをしにくい身体を育むなどに特化した自然遊びの教室も始めるようになりました。

常に変化し続ける自然、とくにお寺の裏山のようにコンパクトでありながら起伏に富んだ場所は、天然のトレーニングジムになるのです。

昆虫天国「雑木林」での活動

雑木林の魅力は、なんといっても「クヌギ」や「コナラ」といった、私が思う日本の〝遊べる木〟の代表格がたくさん生えていることです。いわゆる「里山」と呼ばれる雑木林は、昔の日本の生活には欠かせない場所でした。クヌギやコナラの木をお風呂や料理に使う薪として用いたり、椎茸の栽培に使うホダ木に活用したりするために、人間が手入れをしながら寄り添って暮らしてきた山なのです。

この木は、小さな生きものの世界にとっても非常に重要な役割を果たしています。落ち葉は土に還る間に虫達が冬を越すための暖かい布団になり、そしておいしいご飯になります。木になるドングリは、小さな動物のご飯や、昆虫が子どもを育てるためのゆりかごとして使われます。そして樹液は昆虫界でもっとも贅沢な食べ物なので、この樹液にたくさんの昆虫が集まってきます。中でも〝キング・オブ・昆虫〟のカブトムシがやって来る夏はワクワク感が止まりません。

小さな生きものたちにとって栄養がたくさんあるこの森には、クヌギやコナラのほかにも、面白い植物や樹木がたくさんあることも魅力の一つです。また、斜面と平地が織り交ぜられ、子ども達が走り回るには最

高の環境であることも特筆すべきポイントだと思います。

そのような雑木林でどのような遊びをしてきたかというと、春は特徴的な木々の模様を、樹皮に紙を当ててクレヨンでこすり出しながらたくさんコレクションをしたり、自分が好きな鳥の鳴き声を探したりします。また、山椒の木の芽をちぎって日本のおいしい香りを堪能したりもします。

夏はなんといっても昆虫採集です。樹液に集まる昆虫を採集し、よく観察しながらスケッチをします。また、木に残っているセミの抜け殻をたくさん集めて、洋服にくっつけて遊んだりもします。初夏には、木にたくさんなっている魅惑の甘い果実「クワの実」をおやつがわりに食べたりすることもあります。

秋は手当たりしだいドングリを集めて投げっこをしたり、ひたすら並べて遊びます。

冬は朽ちた倒木の樹皮をはがし、隠れている昆虫探しに夢中になります。ときどき発見するスズメバチ。冬は動きが鈍いこともあって「触ってみる」という、ふだんはなかなかできない経験ができるのも雑木林の面白さの一つです（この遊びは知識がある人の指導が必要です）。いつもは「驚かせない」「動かない」「スズメバチがいなくなるまで待つ」と教えていますが、この時ばかりはいつもは恐ろしい存在のスズメバチに接近できるとあって、子ども達は大興奮です。

集団先生いじめ事件!?

保育園の新年度スタート直後の活動でのことです。

初めて顔合わせをする私と園児達は、お互いまだ相手が何者かがわからないため、緊張の顔でプログラムがスタートしました。しかし開始から10分もたつと両者の距離がグッと縮まり、終了するころには「長谷部先生は次はいつ来るの？」と、すっかり友達になることができました。この日の活動は無事に終了し、「よし、次からはどんどん面白い遊びを一緒にしていこう！」と思ったのも束の間、２回目、３回目となっても、子ども達はいっこうに話を聞いてくれません。まるで意図的に私を無視しているようにも思えて、昨今よく耳にする「子ども達による先生の集団でいじめ」をされているかのようです。

私は、この事態を大きく受け止めて、原因究明をすることにしました。基本的には私自身に大きな問題があることを前提に、話し方、注目してもらい方、子どもとの関係、距離感のとり方など、さまざまな工夫をして活動に臨みました。しかしいっこうに変わらない「完全無視」状況に毎回、大苦戦。「これはもうどうしていいかわからないな……」と意気消沈し、白旗をあげようとしかけたその時、あることが目に入りました。

なんとなく目にとまった一人の子どもをよく観察してみると、顔を右上に傾け、そして目だけがキョロキョロといろんなところに動いていました。その子どもの視線の先を追ってみると、どうやら飛び回る小さな虫を見ていたのです。同様にほかの子ども達の視線の先を追ってみると、ヒラヒラと落ちる葉っぱや、アリの行列、風で揺れ動く木を眺めていたのです。この時、私はとても興味深いことを学びました。子ども達は、〝集中していなかった〟のではなく、面白い出来事に〝集中していた〟のです。

園舎での活動とは違い、自然の中は〝面白い誘惑〟があちこちにあります。それは子ども達にとって新鮮で刺激的なもので、私の話の数倍目を引く存在だったのです。

自然はアニメよりも面白い五感刺激型エンターテイメント番組

木々から降り注ぐ木漏れ日、ほっぺを通る風、ギシギシッと音を立てながら大きくゆっくりと揺れ動く木、足元を行列であっちこっちと忙しそうに歩くアリ、雨上がりの湿ってねっとりとした土の香りなど、自然の中は室内で過ごす時とくらべて何倍も子どもの気を引くものがあります。それは、誰かが決めたストーリーを画面を通して目と耳で楽しむよりも、何倍も刺激的なのです。そしてそれらは、その子どもの想像するがままに自由なストーリーを持ち、不思議な世界へ連れて行ってくれます。

それがわかった私は、その時起きている目の前の現象と子ども達の想像が重ね合わされた〝事件〟を大切に拾いあげ、それをそのまま活動に活かすようにしました。すると、もう〝先生いじめ〟は起きません。むしろ子ども達の集中力は何倍にもあがり、時には2時間以上、一度も飽きることなく自然の中でたくさんの学びを得ることさえあります。

この集中力を、小学校までどのように大切に育てていけばよいのか？　これが私の今後の課題です。

魅惑の水辺「田んぼ」での活動

田んぼの面白さは、周辺の草地もさることながら、お米を生産するために四季折々表情を変える田んぼ自体にあります。春は田を耕し、水を入れ、そして田植えを行います。この作業の間にオタマジャクシからカエル、ドジョウたちがたくさん登場します。さらに、田んぼや用水路には水辺に住む昆虫やそのほかの生きものたちもたくさん現れます。

夏には稲がぐんぐん成長し、同時に日本最大のトンボ「オニヤンマ」達が登場。田んぼのまわりを飛びまわり、卵を産むために田んぼにおしりをチョンチョンとつけながらホバリングをします。

秋になると金色の稲達は刈り取られ、稲がなくなった場所は水が抜かれます。そのころには赤く色づいたトンボ「アキアカネ」や、バッタの仲間達が飛び交い、

秋の虫達の大合唱が始まります。

　冬の田んぼのまわりには、「くっつき虫」や、「ひっつき虫」と呼ばれる植物の種子が姿を現し、人間や動物の体中にくっつきます。同じ場所の中で、四季によってここまで数多くの生きものが登場したり、見た目の様子が変化するのは、田んぼならではの面白さだと思います。

　田んぼでの遊びが一番面白いのは、春と秋です。そして、もっとも人気があるのは「どろんこ」です。田植え直前、稲刈り直後の田んぼには、日常的にはなかなかお目にかかれない「どろんこ遊びの聖地」が出現します。ここで暴れ、全身泥だらけになるだけで、子ども達にはこの上なく幸せで刺激的な時間が生まれます。目と歯だけが白い子ども達がアスファルトに茶色い足跡を残しながら帰っていく姿は、自然遊びの中で一番微笑ましいシーンかもしれません。

また、水生生物との出会いも田んぼの面白さの一つです。森ではなかなか出会うことのできない水生生物は、ドジョウにしても、ザリガニにしても、コオイムシにしても、カエルにしても、ヤゴにしても、奇妙でゆかいな姿をしたものばかり。この生物を捕獲し、観察し、スケッチ作業をすると、子ども達は素晴らしい作品をたくさん生み出してくれます。

お友達救出作戦失敗　底なし沼連鎖事件

私が今まで幼稚園、保育園で活動をしてきた中で最大の事件は、田んぼでの活動時に起こりました。

それは子ども達と、秋の生きものを探しに田んぼにやってきた時のことです。この日の生きもの捕獲は大量で、種類もホトケドジョウにカワエビ、オニヤンマのヤゴ、アメリカザリガニと大満足の成果があがっていました。誰もが大満足でプログラムを終了しようとしたその瞬間、突然遠くから「誰か助けてー!」と大きな叫び声が聞こえたのです。助けを求める先を見てみると、田んぼに子ども（以下A君）が太もものつけねまで埋まっていたのです。声の主は、A君ではなく、それを発見した友達でした。

　あわてた担任の先生は、Ａ君を救出すべく田んぼの中へ進んでいきます。はじめは走るスピードで田んぼに入ったものの、速度は次第に遅くなり、Ａ君に近づくころにはほぼ失速。とうとう先生も膝上まで田んぼに埋まってしまいました。それを見たＡ君は、先生を助けなきゃと思ったのでしょう。両手を伸ばして先生の片足にしがみつき、持ち上げようとしました。ところが、これがかえってマイナス要因となります。先生を引き上げようとする力が、Ａ君の足もとが底なし沼状態のために下へ下へと働き、動けば動くほど田んぼに沈んでしまったのです。そのため、とうとうＡ君は胸まで埋まってしまいます。もうお手上げの苦笑いをするＡ君。先生はひとまず自分の脱出に専念します。片方の長靴を田んぼの奥底に残しつつも、どうにか脱出した先生は体勢を立て直すため、ひとまずＡ君から離れました。

一部始終を見ていたほかの子ども達は、「次は自分達の番だ！」とばかりにA君のもとに駆け寄ります。これが被害の拡大へとつながりました。次々と田んぼに埋まる子ども達。またいくつかの長靴を田んぼの中に残しつつ、どうにか脱出する子ども達。結局、A君はそのまま。

そこで私は、子ども達に助け船を出してみました。

「そのままA君のところに歩いていってもまた埋まってしまうよ！　何か埋まらないでA君を助ける方法を考えないと！　みんな！　どうしようか？」

途端に子ども達の目が〝キラリ〟と光り出しました。B君は、ほふく前進でA君の方へ向かいます。C君は、A君に届くような長い木を探し始めました。Dさん、Eさん、Fさんは、3人であぜ道に残った稲を抱えて戻ってきて、田んぼにたくさん敷いて道を作り始めました。でも、どれもなかなかうまくいきません。またまた救出作戦失敗です。

事件発生から30分以上がたち、もう手詰まりかと思いかけたその時、素晴らしい作戦が目の前で実行され始めました。D、E、Fさんが作った道を、C君が拾った長い棒を持って、B君がほふく前進でA君を救出に向かったのです。この合わせ技が功を奏し、無事に救出作戦の幕は閉じました。

この事件は、子ども達に関わる私の姿勢を大きく変えてくれました。

子ども達は、「知らない」「できない」「理解できない」という存在なのだという見方から、子ども達は、「知っている」し、なんでも「できる」「理解できる」という素晴らしい能力をそもそも持っているのだと「信じる」姿勢で接するようになりました。

子ども達が持っている無限の創造力と発想力、そして、いざとなったときに生まれるチーム力は、私が現在関わらせていただいている社会人や企業向けに行っている、チームビルディング研修の参加者にも負けない素晴らしいものでした。

体験から来る裏づけ

この活動を始めて10年。第1期生は、早いもので今

では中学生です。長年活動を続けていくうちに、近年は先生や保護者の方々からさまざまな情報をいただけるようになりました。それは、自然体験をした子ども達の1年間の変化だけではなく、卒園後にどのような評価をされているかなどの興味深い情報です。もっとも多く聞く声をあげてみます。

●自分で日常生活や学校の準備をするようになった。
●自分が思ったこと、感じたことを人の前で発表できるようになった。
●夜、よく眠り、ご飯をたくさん食べるようになった。
●小学校で、理科の点数がよかった（種子の繁栄、生きものなどの分野）。
●ひらがなに興味を持つようになった。
●数字に興味を持つようになった。
●知らないことを自分で調べるのが好きになった。
●風邪をひかなくなった。
●何に対しても集中して取り組むようになった。
●身体を動かして遊ぶのが好きになった。

もちろん、自然遊びがすべての理由ではないと思いますが、実際に活動を経験された先生、保護者の方々が実感として感じているご意見です。

ただ自然の中で遊ぶだけではなく、自由でありながらよく考えられたプログラムがあり、教育的視点を持った先生、保護者が実施するからこそ、この結果が出てきたのではないかと思います。

現場より——野外フェスやアウトドア・イベントでの自然あそび

アウトドア・ニュージェネレーション

自然の中でライブを聴く、いわゆる「野外フェス」は、キャンプをしながら数日間じっくり楽しむものから日帰りで手軽に楽しむものまで、さまざまな種類のものがあり、今や全国各地で開催されています。とくに前者のフェスでは、ビールを飲みながら好きなバンドのライブを聴き、1日のライブが終わると仲間と自分達のテントエリアに集合し、ライブで興奮した余韻をお酒と一緒に身体の中へ流し込む……といった緩やかな時間を楽しむことができます。

日本でフェス文化が始まってから15年以上がたち、その時代の流れとともに大きな変化が見られるようになってきました。一番の変化は、スタート当時若者だった参加者の多くが父親、母親になり、小さな子どもも一緒にフェスに参加するようになったことです。事実、最近は、親子でアウトドアファッションを楽しみながら、抱っこベルトを装着して参加という光景も珍しくありません。

キャンプ文化も大きな変化を遂げました。第二、第三のキャンプブームが過ぎ、キャンプが趣味の一つとして日常的に浸透してきたのです。また、メーカーやメディアの情報発信の助けもあって、「昔からキャンプをしています」という雰囲気の方々だけでなく、新しい世代の方々もキャンプを楽しむようになってきました。そのような世代を対象にしたアウトドア・イベントにおいても、10年前は小学校中学年以上のお子さんがいる親子が多かったのですが、今では乳児や幼児を連れた家族の方々も参加するようになってきています。ちなみに私も、娘が生後10ヵ月くらいから家族でキャンプを楽しんでいます。

キャンプは楽しい、自然は素晴らしい、そんな感覚を持つ親が増えてきたのは、私としても喜ばしいことです。けれどもその反面、キャンプそのものを楽しむだけにとどまり、「子どもとどうやって自然の中で遊んだらいいのかわからない」、つまり、そこから先の楽しみ方がわからない親が多いのも現状です。そこで始まったのが、野外フェスやアウトドア・イベントでの幼児向け自然遊びの提供でした。

野外フェスやアウトドア・イベントでの自然遊びの特徴は、保育園、幼稚園での活動と違って毎回一期一会の出会いであることです。そして、会場が園庭や近所の公園、裏山などではなく、代々木公園、昭和記念公園、新宿御苑といった大型都市公園やキャンプ場であるということです。さらに、人と場所が相まって化学反応を起こし、毎回、冒険的で刺激に満ちた活動になることです。これまでの様子を、フィールドの面白さとエピソードを織りまぜてここで少しご紹介しましょう。

「キワ」が「キモ」の大型都市公園

大型都市公園の特徴は、アクセスがしやすいことや、大きな芝生広場があり、ピクニック気分が味わえることです。また、場所によっては売店や室内施設が充実していることも特徴の一つとしてあげられます。これらのイメージから「大型都市公園では自然体験は難しいですよね?」という質問をよく受けます。そんな時、私にはいつもニンマリしながらいう言葉があります。それは、「大型都市公園は、〝際《きわ》〟が〝肝《きも》〟なんですよ」です。意味はそのままで、大型都市公園の面白さは、自然遊びの観点からいうと、公園の際にあるのです。

人が集まるメインのエリアは、大きな芝生エリアや、ランニングやサイクリングがしやすい舗装路です。そのもう少し先、公園の端の方へ行くと、魅力的な場所が現れます。大型都市公園の特徴は、四季折々の自然が楽しめるようにさまざまな植物や樹木が植えられていて、かつ道路側からの目隠しや日陰を作るために外周にも木が植えられていることです。実はそここそが生きものたちの面白パラダイスなのです。

たとえばドングリの木の下。秋になるとたくさんのドングリの実がなり、冬にかけて地面に落ち、根を張ります。そして春になると小さな小さなドングリの芽が地面からたくさん顔を出します。野山だと根を張る前にリスや鳥に食べられてしまうため、ここまでたくさんの芽を見ることは難しいのですが、動物に食べられることが少ない都市エリアだからこそ、このような光景を楽しむことができます。また、イチョウの木の下では、秋になると葉が落ちて金色の絨毯が地面一面に敷き詰められた神々しい景色を堪能できます。さらに、草が生い茂った場所ではバッタの大群、いわゆるバッタ天国を、日が当たるエリアでは、よくよく観察するとテントウムシの団体を目の当たりにします。

こういった公園でどのような遊びをするのかとい

うと、春はさまざまな花が咲いているので、「色をいくつ見つけられるか?」などと色遊びをしたり、フカフカの芝生の上を裸足で歩いたりして思いっきり身体を動かします。夏はバッタ探しやセミ探しなど、昆虫採集や観察を楽しみます。秋になると、イチョウやクヌギの落ち葉の絨毯を踏みしめながらお散歩をし、種や木の実を拾ってコレクションします。冬は公園樹木の枝払いで出てきた小枝をわけていただき、簡単な工作を楽しんだりします。

ただ気をつけたいのは、公園

には使用のルールがあることです。場所によっては植物の採取が禁止されていたり、入ってはいけないエリアもあります。大きな公園には必ずインフォメーションセンターがあるので、そこでルールの確認をしてから遊ぶようにしましょう。

恐怖のジャングル・大泣き事件

大型都市公園での活動で、今でも忘れられない出来事があります。いつものように、たくさんの方々に集まっていただき、プログラムを開始しました。一期一会の出会いなので、まずは、ていねいに自己紹介をし、さらに参加者同士がどんな人なのかを知り合う時間も設けました。そのオープニングの場で、ある一組の参加者がこのように自己紹介したのです。

お母さん　「この公園はふだんからよく来ますが、自然を味わったことがないので楽しみです」

5歳くらいの子ども　「公園はつまらないからゲームのほうが好きなんだよ」

くわしくお話を聞いてみると、素敵なことに本当に家族でよく来る公園で、この場所が「日常」になっているそうなのです。プログラムが始まり、いくつか遊びの要素を入れながら公園の中心である芝生広場を出発、大きな木の下を抜け、そして公園の際に到着。さっそく昆虫探しに入ろうとした時、突然その子どもがお母さんのパンツをギュッと両手で握りしめ、シクシク泣き始めたのです。私は「何事だろう？　移動中にお母さんに怒られたのかな？」という程度の気持ちでその子どもに話しかけました。

「どうしたの？　悲しくなっちゃった？」

するど子どもは「ここ怖い」と小声でつぶやきました。どうやら公園の際のエリアが怖かったようです。私はその理由が知りたくてさらに聞きました。

「どのへんが怖い？」

すると「ジャングルみたいで怖いの……うぇ～ん！」と大泣きし始めました。

まわりを見渡して、納得しました。周辺の草の背丈はその子の膝上くらい。周囲は木々に囲まれて少し薄

暗く、公園の中心とくらべて静かな環境のせいか、野鳥がたくさん木にとまって鳴いていました。その子がよく来る公園のイメージは広い芝生広場です。雰囲気が正反対になったことで〝非日常〟の空間になってしまったのです。理由がわかった私は、じっくり、ゆっくり、その場になじんでいけるような遊びをしながら、最後には大泣きした子どもが笑顔でお別れできるような進行に努めました。私は、このようなことが起こるとはまったくもって想像をしていませんでした。しかし逆にとらえると大型都市公園でも、自然を十分味わえることを確認できたのでした。

時間無制限　狩猟採取のＤＮＡが騒ぎ出すキャンプ場

キャンプ場での自然遊びは、ほかの場所とくらべて自由度が数百倍高くなります。通常の公園や緑地は管理者が市町村、都道府県なので保護や安全、治安維持の観点から、採取の禁止、火気使用禁止、夜間立ち入り禁止など、さまざまな制限がある場合が多い。それに対して、キャンプ場は個人や民間会社などの敷地であることが多いため、キャンプ場の方と相談をして節度を守ればさまざまなことが可能です。

また、キャンプ場ごとに「清流に天然の川魚がいる」「山野草がたくさん採れる」「野生の動物に会うことができる」「満天の星を観ることができる」といった、さまざまな特徴を持っているので、誰もが聞いただけでドキドキ、ワクワクするバリエーションに富んだ自然遊びをすることができます。

さらに、宿泊型であれば朝～昼～夜～明け方と、時間を立体的に使用できるほか、木の実や果実、野草や山菜などの〝おいしい〟山の産物の採取や調理などができてしまうのです。まさに、「時間無制限　狩猟採取のDNAが騒ぎ出す」フィールドです。

このような場所での活動内容をさらに具体的にお話しします。

春は親子で山野草を採って汁物や天ぷらにして食べたり、朝早く森の中へ出かけて野鳥の声をたっぷり味わいます。夏は川の石をひっくり返して、まるで〝エイリアン〟のような水生昆虫を探したり、ふだん街ではなかなかお目にかかれないミヤマクワガタやシマヘビなど、さまざまな生きものを探して観察をしたりします。秋はキウイの原種といわれているサルナシやヤマブドウを採って砂糖や炭酸などで割ってジュースを作ったり、市販の梨よりも小粒で酸味があるヤマナシをダッチオーブンでコンポートにしたり、たっぷり遊んだ後はおやつがわりにアケビの実をそのまま食べたりと、採取と試食だけでも何十種類もの遊びができます。冬は森で薪を拾って焚き火に挑戦したり、木の枝や木の実でクラフトをしたりします。

草だらけ、虫だらけ、樹木だらけ。街の自然とくらべたら「原始時代の自然」ともいえるほど緑深い自然のあるキャンプ場は、大人も子どもも身体のどこかが熱くなるような感覚を味わうことができます。

最近は、本格的なキャンプ道具がなくても、手ぶらでコテージに泊まれる比較的手軽なキャンプ場も増えてきました。また、施設によってはさまざまな角度から自然を味わえるプログラムを提供してくれるところもありますので、皆さんもぜひ一度足を運んでみてください。

親子完全解放・野生化事件!?

幼児対象の自然遊びを行ってきた中で私がもっとも焦った事件が、こうしたキャンプ場で起こりました。会場は、美しい森が広がる自然度の高いキャンプ場。

紅葉真っ盛りの秋、1泊2日のキャンプイベント中に行われたプログラムでの出来事です。

「秋の森を味わい尽くそう!」というテーマで、まずは参加者同士の自己紹介。続いて、市販の栗よりも小粒で味がギュッと詰まったヤマグリや、ツブツブ、チュルチュル感がたまらない〝スウィーツ〟――アケビなど、さまざまな〝おいしい見本〟の探し方を伝えたり、味見をしながら森の中を歩いた後、実際に自分達でも探してみることにしました。

スタート直前に「時間は30分。秋の味覚を探す場所は○○エリアまでであればどこまでも行ってても大丈夫ですが、常に離れた場所からでも私が見えるような位置で活動をしてください」とお約束をさせていただいたにもかかわらず、スタートしたと思ったら、30秒程度で私の視界から参加者の方全員がいなくなってしまいました。「蜘蛛の子を散らす」とはまさにこのことを言うのでしょう。てんでバラバラ、私を中心に四方八方、放射線状に消えていってしまったのです。

15分ほどで見つけることができたのは、わずか10名程度。参加者は全員で30名なので、まだ20名が見つからない状態です。唯一「安否の確認」ができるチャンスは、〝味覚〟を見つけただろうタイミングであがる、「あったよー、お母さん!」「こっちに行こう!

早く！　おーい！」といった子ども達の雄叫びにも近い大きな声くらいなものでした。顔が見えない現状では、まだ全員の安全が完全に確保できているのか確実ではないため、もう冷や汗ものです。

私は集合3分前に、ありったけの声で「皆さん生きていますか？　そろそろ集合ですよ～！」と、半分冗談まじりで叫びました。すると森のあちこちから「生きてます！」という元気な声とともに、参加者全員が両手いっぱいにおいしい獲物を持って森から出てきました。私の安堵の顔とは対極の満面の笑みで帰ってきた参加者の皆さんを見た時、思わず力が抜けそうになったことを、今でもキャンプイベントでプログラムをするたびに思い出します。

この時の参加者の方々からは、「時間も年齢も忘れて楽しみました」「久しぶりに家族全員大声で叫びました」などの感想をいただきました。いろいろ掘り下げて聞いてみると、どうやら参加者の皆さんは深い自然の中に身を置いているうちに採取のスイッチがオンになり、非日常の高揚感とともに野生本能が蘇ったようです。また、多くの方はふだんはマンションやアパートにお住まいで、戸建てに住んでいる方でも前後左右にすぐ家があるような、なかなか日常で大きな音や声が出せない環境で生活されています。この時のような大声を出すことによる大きな解放感も、人間が野生化するきっかけにもなったようです。

　こうした興味深い経験と学びは、私にとって自然遊びをする際の非常に大切な要素になりました。

nature education for children

第2章
自然遊びをするために身につけておきたい、知っておきたいこと

誰が見ても怪しくないように怪しい人になる

　保育園や幼稚園、保護者の方、そして子どもと接する仕事をされている方々に「長谷部さんのように子どもと自然の中で深く楽しく遊ぶためには、何をしたらよいのでしょうか？」と聞かれることがよくあります。自然遊びをするためには動植物についてくわしく、プログラムやトークの〝ネタ〟がないとできないといったイメージが強いため、どうしても「しっかり学ばなければ」という考え方になってしまうようです。もちろん、自然遊びを「仕事」にしている方ならば、さまざまな知識や技術を身につけて、より質の高い「商品」を提供できたほうがよいのですが、日常の中のひとコマや保育園、幼稚園での生活や遊びの延長の中では、実はそんなことは一切関係ありません。これからご紹介させていただくことを試していただければ、誰でも子ども達と自然遊びをすることができます。

　自然遊びをするときは、日常の姿から自然遊びモードに変身するのがポイントです。スーパー戦隊のように、無敵のヒーローに変身するのではありません。どちらかというとのんびり人間とでもいいましょうか、10分、1分単位といった時間の流れが速い生活から抜け出すというか、横断歩道を早歩きで渡るようなスピードを、少し自然の時間の流れに寄り添うくらいにスローダウンしていただければよいのです。

そうはいってもスローなモードになかなか切り替えられないのが現代人の悲しいところ。スイッチがわりに、頭の中で腰に手を当てて、右手を左斜め上に伸ばして「変身！」とモードを切り替えてみましょう。たちまち自然遊びが上手なヒーローに早変わりできるはずです。紹介するのは３種類のヒーローです。どのヒーローにも簡単に変身できますので、ぜひ実践してみてください。

①道草食いニストになる

まずは目的に向かってまっすぐ進む「ゴール直進型人間」から、道草ばっかり食ってなかなか目的地にたどり着けない「道草食いニスト」に変身してみましょう。それだけで、自然遊びをするためのきっかけを作ることができます。

道草食いニストになるためには、まず歩くスピードをふだんの10分の1くらいまでゆっくりにすることです。

歩くスピードが遅くなればなるほど、自分の目に入ってくる情報が増えます。極端な話ですが、車から外を眺めていると建物の大きさくらいしか目に入らないのに対して、自転車だとその建物の中にいる人にまで目がいきます。さらにスピードを緩めて徒歩にすると、建物の中にいる人の表情までが目に入って来ます。歩くスピードを落とすと、ふだんよりも多くの情報が入ってくるのです。

たとえば、公園の中を歩く時も、普通に歩いていると「緑が多いな」「気持ちいいな」「鳥が飛んだな」といったことを感じる程度ですが、ゆっくり歩くことによって木の高さや太さ、足元の草の形、さらには虫の食べ跡、そして小さな虫達が目に入ってきます。

音はといえば、歩く時の地面を踏みしめる音の違いや、鳥の声、木々の葉がこすれ合う音などが耳に入ってきます。すると、おのずとさまざまな自然の変化に気づくことができます。

さらに、道草食いニストとしては、気になったところでは、立ち止まってしまいましょう。立ち止まることにより、気になったものの姿、情報がさらに詳細まで入って

きます。歩いている時に目にとまった、木の葉にある虫の食べ跡。立ち止まって見てみると、一枚一枚食べ跡の形が違うことに気づくかもしれません。もしかしたら、葉を食べる青虫がどういう進路で葉を食べているのかを発見できるかもしれません。

実際に、自然遊びをする人のための研修で「ゆっくり歩く・立ち止まる」というワークをすると、たった10ｍの距離でも、受講生の皆さんは「青虫の歩き方が必死な感じで面白い」「ドングリに空いている小さな穴はだいたい同じ場所にある」「チョウは、たまに足で自分の顔をこする」など、さまざまな発見をします。そして、日常では通り過ぎてしまうだけだったものから多くの気づきがあったという感想を聞きます。

こうして多くの情報収集ができれば、もう立派な道草食いニストです。ただ気をつけていただきたいのは、面白すぎて時間を忘れ、やろうと思ったことができずじまいで1日が終わってしまうことです。そのあたりは、各自の責任のもとでお願いします。でも、家族での自然遊びならば、それでもいいかもしれませんね。

②壁際族になる

続いては、メインの道から少しはずれて〝際《きわ》〟を歩く壁際族に変身することをオススメします。壁際族は、会社の窓際族とは違い、はつらつとした民族です。一番のポイントは、壁際族になるだけで、面白い自然に出会う確率がグッとあがることです。たとえば都市型大規模公園のメインの道は、人間が作り出すさまざまな音や気配であふれていますが、公園の際に行くとそれらがだいぶ薄まります。人間の気配が少ないということは、人間以外の生きものたちにとっては「安心・安全な場所」となるわけです。私はよくこういった場所を「自然度が高い」と呼んでいます。

自然遊びをする上で、自然度が高いというのは重要な要素です。釣りで例えるなら、魚がまったくいないところに、どんなに素晴らしいテクニックをもって臨んでも、あるいはどんなによい餌を付けて糸を垂らしても魚が釣れないように、自然度が低いところで必死になってもなかなか興味深い自然の要素を見つけることができません。

まずはメインをはずれて公園でいえば敷地のまわり、キャンプ場でいえば敷地のあまり人がいないところを歩いてみるのがポイントです。また、公園管理事務所や倉庫、キャンプ場の炊事場などの建物の正面入口以外の３辺の壁沿いも壁際族としては見逃せません。こういった場所も同じく人があまり立ち入らないので、積んであるコンクリートブロックの裏にはたくさんのダンゴムシがいたり、かやぶき屋根などのストロー状のものの小さな穴にはドロバチの巣があったり、地面際にはジグモがいたりと、生きもの天国状態になっていることが多々あります。

私が初めて自然遊びを行う場所へ行って下見をする際は、必ず最初にこういった場所を歩きます。同行者やその場所を管理している方は「この人はなんでこんなところを歩き始めるのだろう?」と、変な空気感になることがありますが、確実に何かがある〝際〟は、私が自然遊びを提供する際の強い味方なのです。

気をつけていただきたいのは、壁際族にはまり過ぎると「怪しい人」になってしまうことです。虫かごや虫取り網を持ったり、図鑑を開いてみたり、カメラを構えてみたりと、自然観察が目的なのだと一目でわかる格好を心がけましょう。さもないと、昨日までは仲がよかった

ママ友やパパ友、幼稚園や保育園の同僚の方との間に微妙な壁ができてしまうかもしれません。

③「どうして・なんでちゃん」になる

道草食いニスト、壁際族に変身して小さな自然の面白さに気づいたあとは、「どうして・なんでちゃん」に変身してみましょう。「どうして・なんでちゃん」というのは、幼児期に子どもが保護者や先生にしつこいくらいに言う「なんで○○なの？」「どうして○○なの？」です。これは、自然遊びをする際にもっとも重要なことといっても過言ではありません。

自然は「なんで？　どうして？」と問えば問うほど、その深みと面白さに触れることができますし、自分が「どうして・なんでちゃん」になることで、子どもの「どうして・なんで」にもじっくり付き合うことができるようになります。

「どうして・なんでちゃん」になるというのはどういうことかというと、いろいろな

ことに対して不思議に思えるように、自分の思考を切り替えるということです。たとえば、ドングリに小さな穴が空いているのを見つけたとします。そこで「なんでここに穴が空いているの？　どうしてここに穴が空いているの？」と疑問を持つということです。疑問が生まれると、まずはその答えをいろいろ想像し始めます。そして、同じ穴が空いているドングリをたくさん集めて見くらべてみたり、ドングリを割って穴の中を見てみたりと、生まれた疑問に対して答えを求めるための行動を起こします。これが自然遊びの神髄なのです。また、さらに気持ちが高ぶれば、その時出した自分の答えが正しいかどうかをあとで調べたり、人に聞きたくなります。これは人間の潜在的な、自然に備わった学習意欲の始まりであり、「疑問に思う↓仮定を立てる↓調査する↓答えを導き出す」という学びのサイクルにもつながるのです。

私達は、大人になればなるほど「どうして？」「なんで？」と考えることが面倒になり、考えること自体をや

学びのサイクル

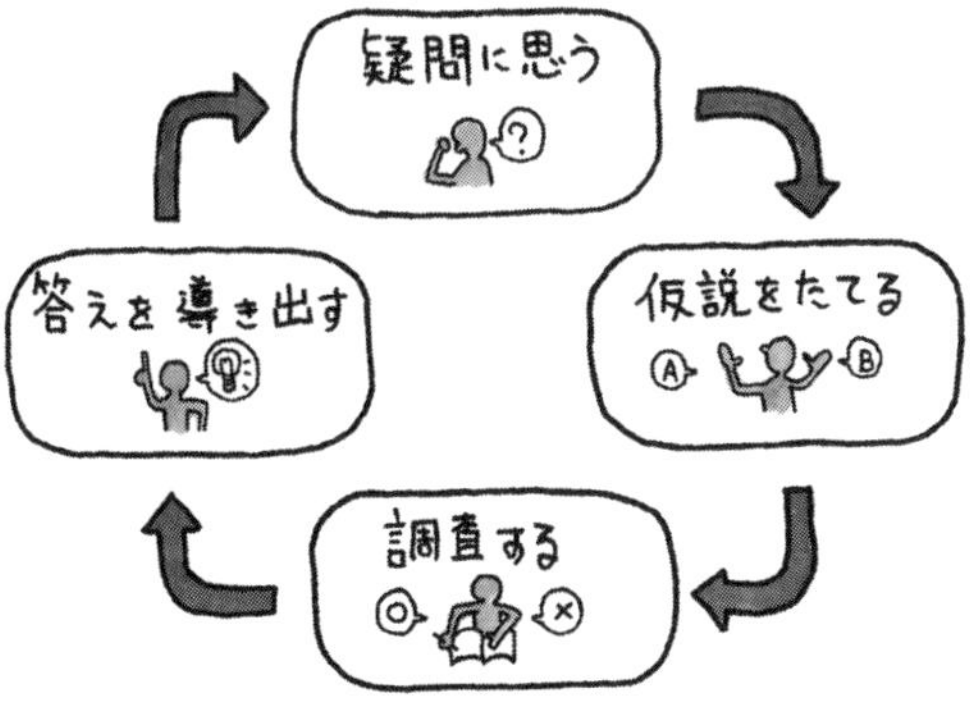

めてしまったり、今までの経験からたぶんこうだろうと類推し結論づけてしまいがちです。そうすると、「面白い」の本質であったはずの「知る・考える」が満たされません。正確な答えを導き出すことにこだわらず、「どうして?」「なぜ?」を大切に、なるべく心のおもむくままに疑問をたくさん出してみてください。そして、その理由を想像してみることをオススメします。場合によっては、疑問は出しっぱなしでもかまいません。「どうして?」「なんで?」が大切です。

自然遊びを提供する側の方向けの研修では、「なんで? なんで? なんで?」というワークをやります。これは、まず自然の中で自分が不思議だなと思うものを探し、何が不思議なのかを考えます。それに対して答えの仮定を想像し、その想像した仮定に対してまたなんでだろう? と考えることを3回繰り返すワークです。これに参加した方々からは、最初に興味を持ったものに対してより深く考えるようになったり、ほかの自然にも同じような興味を持つことができるようになった上に、子どもの「なんで?」に寄り添って一緒に楽しく考えられるようになった、などの嬉しい感想をいただくことが多いです。

気をつけていただきたいのは、癖がついて日常的に「どうして・なんでちゃん」になり過ぎてしまうことです。生活が豊かになることでもあるので非常によいことだとは思いますが、大人と大人の関係においては少々面倒な人になってしまう危険性もあります。スイッチはオンとオフがありますので、切り替えはしっかりするようにしましょう。

道草食いニスト、壁際族、どうして・なんでちゃんの３つに変身できると、自然に対する気づきや面白さの幅が大きく変わることは、感じていただけたでしょうか？　これは自然遊びをするためのベースとなる部分ですが、この３つに変身したときは、はたから見ると「怪しい人」になりかねません。

洋服にもＴＰＯがあるように、外での行動もＴＰＯをわきまえておかないと後々面倒なことになってしまうかもしれません。ですから「誰が見ても怪しくないように怪しい人になる」ことを心がけるようにしましょう。

自然遊びのコツ

子ども達と自然遊びを実際にやってみようとすると、「さて、では何をしたらよいのだろう?」と、悩んでしまうこともあるかと思います。事実、私自身も「自然の中で子どもとどんな遊びをすればいいですか?」といった内容の質問を幼稚園や保育園の先生方からよく受けます。

答えは簡単で、「子ども達の流れに乗っていく」。これだけでいいのです。要するに、茶道、華道、柔道などのように型があるわけではないので、自由に遊べばいいのです。しかし、手本となる具体的な考え方があれば、より自由に、楽しく、子ども達と自然遊びができると思います。

私が10年間、子ども達と関わってきた中で体得し、そしてすぐに実践できる自然遊びのコツを、皆さんに紹介したいと思います。コツは3つだけです。どれもとても簡単なことばかりですので、だまされたと思って実践してみてください。きっと自然遊びをする前の大きなプレッシャーから解放されると思います。

０歳児は50㎝四方で自然遊びができる

まずはタイトルを読んで、「０歳児でも自然遊びができるの？」という疑問が生まれると思いますが、０歳児でも自然遊びは十分にできます。しかも、50㎝四方あれば、充実した自然遊びができてしまうのです。

生後およそ５ヵ月くらいの、首がすわり、支えなしで座れるようになったころには自然遊びの面白さがわかってきます。このころの成長に必要なのは「手でつかむ」「肌で感じる」といった触覚や、保護者とのボディーコンタクトから伝わる安心感、安全な関係性づくりだといわれています。この要素を満たすような自然遊びをすると、０歳児でも喜んでくれます。実際にどのような遊びがあるかを、私が娘と遊んだり、０歳児と保護者とのプログラムで実施した例を紹介しながら説明します。

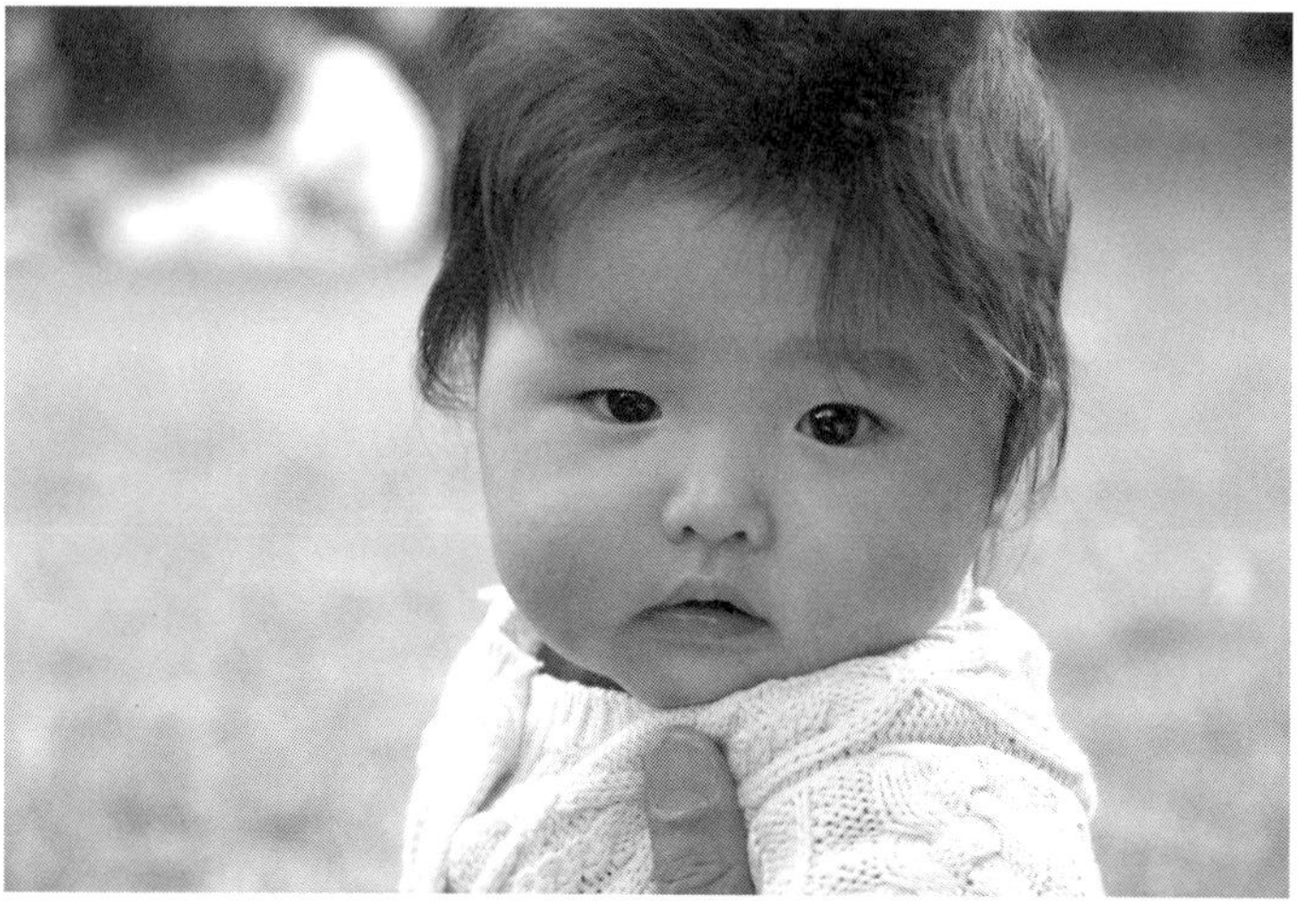

まずは50㎝四方の自然、できれば木陰で下が芝生のエリアを遊び場として設定しましょう。子どもと自然遊びをする時は、環境設定がとても大切です。

そこに子どもを座らせると、子どもはまずキョロキョロとさまざまな方向に目を向け、そして近くにあるものを手で触れようとします。子どもは雲の切れ目から突然降り注いだ光を感じて振り向こうとします。チョウが目の前を飛べば、キャッキャと喜びます。これだけで自然を感じ、味わうには十分な自然遊びです。

さらには、子どもと一緒に芝や草をむしってみましょう。そこには「握る」「力を入れる」「感触を味わう」といった要素がこめられていて、この時期の子どもにとっては何よりも楽しい遊びになります。一通りむしり遊びを味わったあとは、少し高いところからむしった芝や草を落としてみましょう。風に揺られながら落ちるそれらは、微風でも毎回違う落ち方をするので、子どもは飽きずにそれを眺め、そして真似をし始めます。

子どもとのボディーコンタクトも忘れずに。芝生の上で、子どもと一緒にゴロゴロ。抱っこして、ゆらゆらしながら一緒に身体を動かします。また、保護者が仰向けに寝て、おなかの上に子どもをあおむけにのせてあげます。すると、子どもは雲を追って、いつまでも空を眺め続けるでしょう。

ハイハイが始まると、子どもの世界は数百倍も大きく広がっていきます。自分で思うように進み、止まり、そして気になる自然で遊び始めます。ここからはもう50㎝四方の小さな世界では狭くなってきます。どこまでも続く大地の広さを、四肢いっぱいで味わわせてあげましょう。自然遊びは、広大な場所や珍しい植物、生きものがたくさんいなくてはできないというわけではありません。年齢と成長に合わせて少しずつ広い世界を見せていけばいいのです。

「たかいたかい」は世界を変える

子どもとの遊びで、子どもを上まで高く上げる身体遊び「たかいたかい」は、皆さんもよくすると思います。自然遊びにおいても、この「たかいたかい」はとても面白い発見につながる遊びになります。

自然の中で面白いものを発見しようとすると、目は、たいがい足元に行きがちになります。もちろん足元にもとても面白い自然がありますが、日常ではなかなか見る機会の少ない高いところにも、珍しい自然を発見できるチャンスが広がっています。ふだんノーマークの高いところにこそ、手つかずのネイチャーワンダーランドが広がっているのです。

たかいたかいをしてあげると子どもの目線がどのくらい高くなるかというと、一般的な成人女性の平均身長をおよそ158㎝とすれば、母親が子どもをたかいたかいすると、子どもの目線は母親の腕の長さも入れると2m以上になります。5歳児の平均身長がおよそ110㎝とすると、およそ2倍の高さの目線になります。大人にたとえてみても、自分の目線の2倍の高さからものを見ると世界が変わることは、容易に想像できますね。

そのような高い世界からまわりを見渡してみると、それまでは見ることのできなかったさまざまな場所が見えてきます。たとえば、背の高い木の葉にテントウムシが大群でひなたぼっこをしているシーンや、オトシブミという虫のメスが子どものためのゆりかごを作っているところ。桜の花に目を近づけてじっくり観察することもできます。

　また、高いところにあるおいしい果実、ヤマブドウやサルナシ、クワの実などを自分で選んで採取することもできます。ほかの人から渡されたものよりも自分で採取したものに対しては、「食べてみよう」という自発的挑戦心がわいてきます。この挑戦心から得た新しい自然の味覚は、子どもにとって一生忘れられないものになることは間違いありません。

　エリアを決めて線や面で集中しながら自然を観察してもたくさんの発見がありますが、「たかいたかい」のように上の方向に視点を持っていくだけで、まったく違う感動を味わうことができます。前者が「平面」であるのに対して、**後者は**高さができることで始まる「立体」の世界。視点が増えると見える世界がどんどん増えていきます。

名前は勝手につけてしまおう

「この昆虫の名前は○○で、生息地域は△△で、主な食べ物は□□です……」

　生きものの生態にくわしい人がガイドをしてくれると、対象物の生態について細かく説明をしてくれます。もちろん自然に対する知識があったほうがより深い自然遊びができることは確かですが、知識がないと自然遊びができないかといったら、そんなことはまったくありません。むしろ名前も知らない生きものや植物に出会ったら、自分達で勝手に名前をつけてしまうくらいのほうが面白い遊びができます。

たとえば、ダンゴムシという名前を知らずにダンゴムシを発見したら、まずはよく見て、触ってみます。そうすると、きっと体が球状になることを発見するでしょう。そうしたら、その特徴から「マンマルムシ」でも「コロコロムシ」でも、自分が発見した特徴をそのままに名前をつけてしまえばよいのです。

植物も同じで、ネコジャラシをネコジャラシと知らずに発見した時は、その特徴から「タワシグサ」でも、「ツンツンタネダラケグサ」でも、なんでも感じたことを名前にすればそれでよいのです。

何よりも大切なのは、その名前や生態を図鑑を読んで知っているということではなく、本物を見て、触って、その色、形、動き方などの特徴を自分の五感で感じ取ることです。

以前、保育園の先生を対象に自然体験活動の研修をさせていただいた際に、面白いことがありました。

最初に、自然の中を歩き「知っている生きものをノートにどんどん書いていこう」という課題を行ったのですが、10種類以上書けた先生は数名で、3～5種しか書けなかった先生がほとんどでした。理由を聞いてみると、「本当にそういう名前かどうか自信がない」「名前をうろ覚えなので書けない」という答えが多かったのです。その後、「気になる生きもの、植物、樹木に自分で勝手に名前をつけていこう」というワークをやりました。このワークでは、一人の先生から平均して20以上の新しい名前が発表されました。どれも対象物の特徴をわかりやすく名前にしたものばかりです。

後日、研修を受けた先生方に、その後何か変化はありましたかとたずねたところ、「自然にくわしくないというネガティブな感じが消えました」「自分で名前をつけた生きものを先日すぐに見つけられ、その面白いところを園児に話せるようになりました」という報告を聞きました。同じ遊びを園児に行った先生によると、しばらくその遊びが子ども達のあいだ

でブームになったそうです。
名前や一般的な生態などの知識は、図鑑などを使って脳みそから入れようとするとなかなかうまくいきません。まずは感性のおもむくままに、五感で自然に触れてみましょう。

ここでお伝えした自然遊びのコツは、ほんの入口かもしれませんが、それでいて最大のポイントでもあります。今までイメージとして持っていたであろう自然遊びの達人、〝すごい人達〟のイメージから一度離れ、難しいことは考えずに〝面白い〟を優先して、どんどん自然の中で子ども達と遊んでみてください。

nature education for children

第3章 自然遊びをするためのテクニック

自然遊びのメカニズム

公園や里山で、子ども達と自然遊びをしている保護者や先生方から「子どもがすぐに飽きてしまう」「面白い展開にならない」「うちの子には向いていないみたい」などの話を聞くことがあります。その理由をもう少しくわしく聞いてみると、たいがいのケースが〝大人優先〟の展開になっていることに気づきました。

「この子にあれをさせたい」「こういう感動や発見をさせたい」といった、強制的で一方通行なやり方や思いで遊びを展開してしまうと、子どもは〝みずから楽しんでいない〟という、逆転現象が起きてしまうのです。

子どもが時間も忘れて本当に楽しい自然遊びをするためには、どのようにその時間を展開すればよいのか、自然遊びの「静」と「動」のキーワードをもとに整理してみようと思います。

「静」の極意　集中する自然遊び

静の自然遊びの極意は「集中」にあります。子どもは何かに集中するきっかけを得ると、大人がどれだけストップをかけても止まらないくらい、その遊びの世界に没頭します。自然遊びの中で子どもが集中する行為の代表的なものは「観察する」「聞く」「かく」「つくる」の４つです。一つ一つについて、エピソードをまじえながらその極意をご紹介したいと思います。

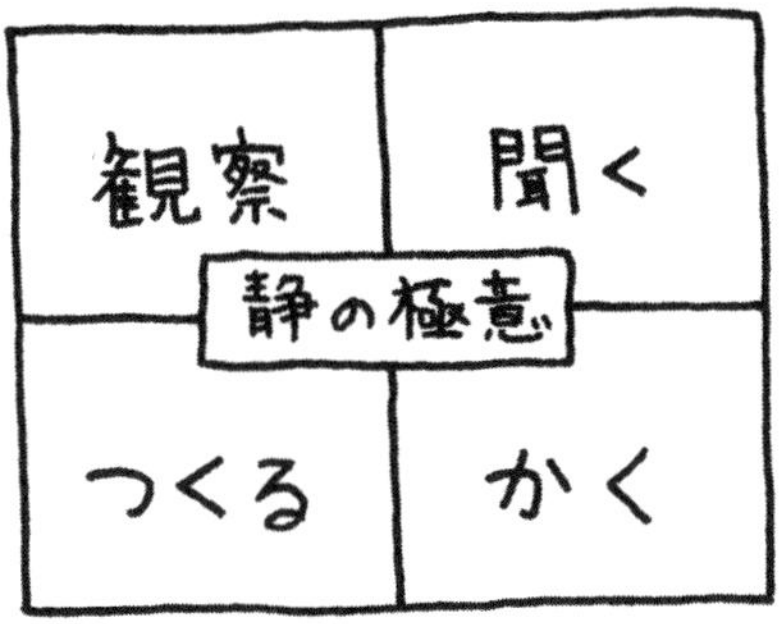

観察する

観察するという行為は、子どもにとって面白いと思えるものであれば、1時間でも2時間でも、場合によっては毎日続けても飽きません。

観察のポイントは、対象物がカブトムシやクワガタのようにキャッチーで面白いということだけではなく、次の2点の特徴があります。

●対象物からどれくらいたくさんのストーリーが紡ぎ出せるか?
●動きや色、形などからどれだけたくさんの面白ポイントを生み出せるか?

この2つのポイントは、私が苦労の末に発見したものです。その時のことを少し紹介します。

怖いカッパと優しいカッパ

とあるアウトドア・イベントで、子ども達向けに自然遊びを提供させていただいた時のことです。季節は冬の少し手前。舞台は大規模公園でした。直前に下見を行っても、誰もが思わず息をのむような素材は見つかりませんでした。周囲は常緑の葉が多く、落ち葉もあまりありま

せん。そんな状況でスタートしてしまい、困った私はひとまず常緑の葉っぱをじっくり観察してみることにしました。

内心「どうにか面白いトピックスは見つからないかな？」とソワソワ、ドキドキしながら過ごしていると、突然、子どもが同行の母親に「この葉っぱ、カッパの色だね」と、満面の笑顔で話し始めたのです。その直後、ほかの子どもが「この色もカッパの色だよ」と、新たな常緑の葉っぱを指して言いました。明るい緑と深い緑、二つの微妙に異なる緑色を指さす子どもを見て、私は脳みそにビビッと電撃が走ったのを覚えています。その光景から、私は考えもしていなかった「カッパ色」の創造力をいただき、そのまま「カッパ色を探そう！」という遊びの展開にしました。公園の際をさまざまな常緑の葉を見ながら歩き、どの葉がカッパと同じ色なのかを探すのです。

子ども達曰く、怖いカッパは濃い緑色で、優しいカッパは薄い緑色らしく、２種類のカッパは顔つきも違うらしい。これらはその時の子ども達の想像の中から生まれたストーリーなので、どれが正解というものはないのですが、その結論に至ったやりとりが非常に面白かったのです。

たとえば、濃い常緑の葉の中でも怖いカッパの色のベースになったのは「ヒイラギ」と「マツ」の葉。ヒイラギの葉は、周囲がトゲトゲしていて触ると痛く、これが「怖い」を連想させたようです。また、優しいカッパの色は「キンモクセイ」の葉の色でした。理由は、色が優しい緑色だったことと、地面に落ちていた花の香りがよかったことです。

カッパのストーリーを通して、およそ15組30名の子ども達とその保護者は、1時間半の間、ずっとカッパ色を探しました。そして、常緑の緑色でもたくさんの色があること。そしてトゲトゲしていたり、ツルツルしていたり、ナミナミしていたりと、表情がさまざまであることを発見したようです。あとから保護者の方から話をうかがうと、ちょうどテレビなどで「妖怪」が流行っているらしく、同じ年代の子ども達の間では妖怪トークは旬だったそうです。

このように、対象物が派手な自然物でなくても、ストーリー展開や観察する理由が明確になると、子ども達は対象物を日常よりも詳細に観察し、何らかの発見をしてくれるのです。

聞く

日常において、テレビや音楽以外で「聞く」という遊びはなかなかやらないようですが、それだけにとっても楽しい遊びの一つでもあります。この遊びが面白いのは春先で、さまざまな音色で鳴く鳥のさえずりや、新芽でまだ柔らかい葉が風でこすれ合う音、羽を持つ昆虫が飛ぶ音など、たくさんの音を楽しむことができます。

実施時間は数分ですが、その後の子ども達の遊び方にも大きな変化が現れます。「聞く」をテーマに自然遊びをすると、どのような場になるのかを、保育園での活動を例にご紹介します。

木が相談している音

とある保育園で活動を始めた時のこと。その日は、子ども達の様子がいつもと違いました。整列してあいさつをする。そしてこれからどんな遊びを一緒にするのかを話す間中、まったく集中できないのです。活動を行ったのは学期のはじめ、週の中ごろです。先生方にその原因をたずねたところ、学期始めの子ども達は

どうしても落ち着かず、かつ週の中ごろは子どもといえども少し心身に疲れが出るころだということです。

私は、まずはひと落ち着きさせようと子ども達に目を閉じてもらい、そしてどれだけ多くの自然の音が聞こえるのかを競うゲームを行うことにしました。全員が座りやすい場所を選び、まずは落ち着ける環境を作ります。音を聞く時間は1分。子ども達が口を閉じて、目を閉じて集中するにはなかなか長い時間です。

子ども達は、この1分間で音が聞こえるたびに指を1本1本たたんでいきます。1分後、まだ青いドングリが落ちる音、ハチらしきものが飛ぶ羽の音、散歩中の犬の鳴き声など、子ども達が聞いた音は少ない子で6~7つ、多い子で10以上でした。

中でも私の興味を引いたのは、半分以上の子ども達が風で揺れる木々の葉がこすれ合う音を2種類以上聞き分けていたことです。木々の葉がこすれる音がどう違ったのかを聞くと、「カサカサとガサーガサー」や「サササとサッサー」の違いなどがあるらしい。子ども達から音を言語化したものが次々と出てくる中、「木が相談しているみたいだった」という子どもが出てきました。

この一言が出た途端にたくさんの子ども達から言葉があふれてきました。その子ども達曰く、木々はお友達がけんかしていたので誰が悪いのかを話していたり、誰の家にお泊まりに行くのかを話していたそうです。

　子ども達の柔軟な想像力もさることながら、このワークをしている間中、子ども達は一言も声を出さず、ふらふら揺れずに集中していたことが私にとって印象的でした。この経験をしたあとには、子ども達は日常の中でも、さまざまな石を落としたときの音の違いや、水面を手のひらでたたくと聞けるパチンという音の違いなどを楽しんでいたそうです。

かく

「かく」という動作は、子ども達にとってとてもクリエイティブで楽しい時間です。ちなみに、私がこの項目をひらがなで「かく」としたのは、日本語には「書く」と「描く」があり、その両方とも子ども達の成長過程において重要な〝かく〟動作だからです。その子の成

長や興味に合わせて円をグルグルかくでも、観察しながら対象物をかくでも、自然の素材に文字をかくでも、好きな動作をしてもらえたら嬉しいなと思っています。「かく」という遊びは、鉛筆やペン、クレヨンのような画材から紙、葉、石など、かく素材によって遊び方は何通りにもなります。「これを使わないとダメ」ということは一切ないので、自由な遊びの展開をしましょう。

「かく」という遊びにおいて、驚いた展開がありましたので、少し皆さんにご紹介します。

葉っぱは究極のおままごと道具

濃い緑の葉が目に心地よい初夏の都市公園で、3歳児と保護者が中心のグループの自然遊びをしていた時のことです。前日に強い風が吹き、たくさんの葉が地面に落ちていたので、この日の遊びのテーマは「葉っぱ」にしました。さまざまな形の葉の裏面を上にして紙をのせ、クレヨンでこするステンシル遊びをしながら葉の形の違いを学んでいた際に、飛騨地方では「朴葉《ほおば》寿司」や「朴葉味噌」などの郷土料理に使われる大きなホオの葉を見つけてきた女の子が、「大きなお皿!」と嬉しそうに私に教えてくれました。

　その素敵な発想に便乗して、私はホウの葉をお皿に見立ててその葉の上にハンバーグとスパゲティ、ポテトフライをクレヨンで描いて女の子にあげました。それを見た子ども達は大興奮。「僕もかく！」「私もかく！」の声がたくさん出てきたので、たくさん集めたホウの葉にみんなで好きな食べ物を描くことにしました。描いたもの自体は、さまざまな色の丸や楕円や四角などが大小さまざま並べられたものですが、焼きそば、チャーハン、ケーキ、焼き魚など、子ども達のまわりにはたくさんの献立が並びました。

　ここから遊びはさらに展開して、お店屋さんごっこがスタートです。保護者の方から注文があると、子どもはホオの葉のお皿にクレヨンで注文の品を描いて提供するという、自然素材を使った楽しいごっこ遊びの一日となりました。

「かく」という動作は、創造力を育てる遊びになりますし、

5歳くらいの年齢になると、観察をしてスケッチをすることで対象物をより深く知ったり、思わぬ発見をするきっかけにもなります。ぜひ実践してみてください。

つくる

つくるという動作も、かくと同じくらい子ども達に人気の遊びです。自然物は、葉でも、木の枝でも、石でも、まったく同じものが存在しないので、子ども達の創造力や創意工夫の力を養うには最適な遊びです。また、お店で買うようなきれいな直線や真円などの工業的な素材や製品とは異なり、完璧な表現ができないところがより子ども達の天才的で自由な空想世界を実現させてくれます。

日帰りキャンプ・イベントで、親子で挑戦したつくる遊びの一コマを紹介したいと思います。

宇宙まで飛べるドラゴン

木の実や落ち葉をたくさん拾える秋のシーズンに、親子で自然のものを拾って素材にして、クラフト遊びをするプログラムをしました。

テーマは「想像の生きものを作ってみよう」です。用意するのは、樹脂系で乾きが早く、しばらく押さえていれば付きにくい角度でも固定できる接着剤や針金です。

作業が始まると、先ほどまで森の中に響き渡っていた子ども達の叫び声はあっという間になくなり、風と鳥の音だけになりました。子ども達は一生懸命集めた素材を持っては眺め、配置しては取り替えるという作業を真剣に繰り返します。大人なら「この面同士をつければ固定できるな」という物理的な問題を考慮して作りますが、子どもはそんなことは気にしません。「まさかこんなつけ方をするなんて!?」と、保護者を苦悩させるリクエストを平気で出しながら形を作っていきます。

作業時間は1時間半。子ども達にとっては信じられ

ないくらい長い時間です。満足のいく作品ができて満面の笑みの子、どうしても思い通りにならずふてくされている子……。さまざまな表情の中、作品の発表会をスタートすると、子ども達の無限に広がる創造力に私は脱帽してしまいました。

ある子は人間が乗れる虫を、ある子は足がたくさんあって木登りが得意な動物を作りました。本当にさまざまな作品がありました。その中の一つ、「宇宙まで飛べるドラゴン」（89ページの写真）は作品の大胆さもさることながら、ディテールの物語をこまかく話す子どもの自信満々の顔に、誰もが拍手を送ることになりました。

「つくる」という動作は、「かく」よりも道具が必要ですが、その分、平面から立体の世界に入ります。これは空間認識能力を養うのにも素晴らしいきっかけになるのではないかと思っています。

「静」の遊びは、子ども達の情操教育に少なからず貢献していると思いますが、実は効果はそれだけではありません。外で遊んでいると、遊びに集中し過ぎてなかなか休憩をとらない子ども達にとって、遊びながら身体を休めるきっかけにもなります。また、アクティブな遊びが好きな子もそうでない子も、一緒になって楽しめる間口の広さも「静」の遊びの魅力です。

「動」の極意　発散する自然遊び

動の自然遊びの極意は「発散」にあります。ちなみにここでいう発散とは、身体を思いきり動かし、大声で叫ぶことを指します。

この発散が足りないと、子どもは夜なかなか寝つけなかったり、わがままが多くなったりと、自分の中で処理しきれなかった体力や気持ちをほかの手段で埋め合わせする傾向があります。健やかな成長のためにも、日々上手に発散することを心がけたいところです。

そこで、「発散」するための遊びで代表的な４つのもの、「捕獲する」「採取する」「集める」「冒険する」を紹介したいと思います。

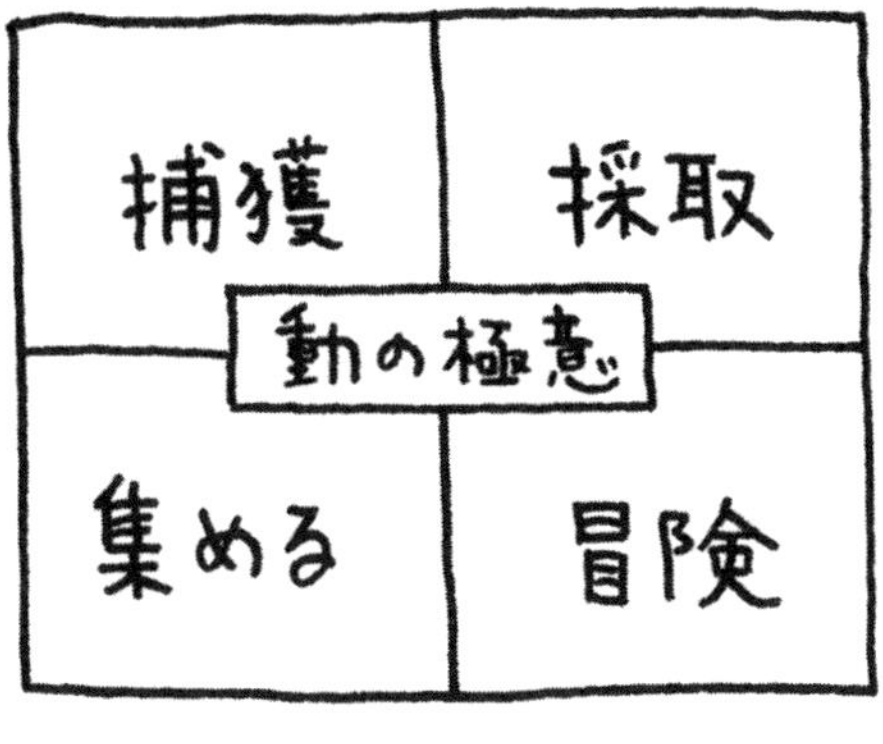

捕獲する

捕獲するという動作は、1歳児から5歳児まで、年齢、性別問わず誰もが興奮の境地に到達できる遊びです。アリに始まり、ダンゴムシやテントウムシはもちろん、子どもにとって超級ヒーローのカブトムシやクワガタ、オニヤンマなどを捕まえた時には、人生最大の達成感を味わうことができるでしょう。

これらヒーロー達を捕獲するためには、「忍び寄る」「走る」「急ブレーキ」という、一連の動作が必要になってきます。想像以上に運動量が多く、捕獲中の子ども達の歩数は、1時間で数千歩に達することもあります。そのため、遊び終わるころにはヘトヘトで、あとはゆっくりお昼寝……といったことも珍しくありません。

保育園での活動を例に、この「捕獲」の発散方法を紹介します。

5歳児だってストレスが溜まるんだよ

歌や劇の発表会本番が近づいてきている、ある日の自然遊びの時のことです。

担当の先生から活動の際に取り入れてもらいたいと要望があったのが「発散」でした。発表会は、終わった時の感動とそこに至るまでの子ども達の成長は大きいものの、本番までの期日がある以上、どうしても〝みっちり〟練習せざるを得ません。決められたセリフを覚え、立ち位置から動く。先生方はその演目のために新しい曲や音をピアノで弾く練習の日々。窓を見れば、外の明るい世界が、子ども達が遊んでくれるのを今か今かと待っている……。特に穏やかな天候の日が続くと、子ども達の心と身体の中には、もやもやとうごめき、溜まっていくものがあるようです。

このような日は昆虫採集がうってつけと思い、私は子ども達と捕虫網と虫かごを持って近隣の公園へ出かけることにしました。まずは、この時期にいる生きものをイラストにしてみんなに見せます。次に昆虫を捕獲するための道具を渡し、使い方をじっくり教えまし

た。この過程がとっても大切で、一つ一つの作業や説明が終わるたびに、子ども達の目がフラッシュライトの光のようにピカピカと輝き出します。あとは最後の一声、「スタート！」と叫ぶだけです。

この声と同時に、子ども達は四方八方に走っていきました。とにかく1匹のチョウチョを追いかけ続ける3人組。なぜかバッタと同じような飛び方でバッタを追いかける子どもなど、思い思いの方法で昆虫を追いかけます。そして公園中に「誰か手伝って！」「おい！　こっちにいるぞ！」「キャー！　ワー！　△●□◎……ワッハハッハ……」。公園中で拡声器を使っているのではないかと思うくらい、大きな声があちこちから聞こえてきました。

活動終了後の子ども達の髪の毛は汗でビショビショ。そして目はスタート直前の輝きを上回って、目からレーザービームが出るのではないかと思うくらい、ギラギラと輝いていました。その日の子ども達はお昼寝をたっぷりとり、午後からの発表会の練習はものすごい集中力を発揮したそうです。

虫取りの〝発散〟をしてから発表会の練習の〝集中〟の作業に入ることで、子ども達の集中具合が格段に高まったこの体験は、発散をすることにより集中力が高まるという私の予想を実証するきっかけとなりました。捕獲という動作は、まだ地球上にマンモスが存在し、生きていくために必死で獲物を捕っていたころからＤＮＡレベルで組み込まれている、人間の本能を呼び覚ましてくれる動作なのではないかと思います。

採取する

採取するという動作は、捕獲と非常に似ていますが、またひと味違った楽しさがあります。その中でも代表的なのが「味わう」とセットの採取です。土地の所有権など、自然の中にあるものを食べるには少々難しいことはありますが、施設やキャンプ場の方に許可をとるなどすれば、子ども達にとって忘れられない体験になるのは間違いありません。

どれだけ楽しい体験になるのか？　キャンプイベントでの例をご紹介します。

「収穫が忙しいのですべてなかったことに」事件

秋のキャンプ場でアウトドアイベントを開催した時のことです。私は興味深い昆虫のいるポイントや、希少な植物のあるポイントなどを組み込んだルートで自然遊びをしようと準備をしました。本番が始まり、子ども達とその保護者といざ深い森の中へ。

ジャングルのような森の中を植物観察しながら進み、休憩ポイントのおやつとして秋の高級果実「ヤマブドウ」を選びました。ヤマブドウは、小粒で酸味と甘みのバランスが絶妙なブドウの仲間です。

5分程度の休憩のつもりで、おいしいヤマブドウの見分け方と採取の方法を伝えた後、みんなで一粒ずつ……の予定が、説明が終了する前からギラギラと光り出した参加者達の目は、もう、たわわに実るヤマブドウにくぎ付け。スタートと同時にヤマブドウの蔓の方へ消えていきました。もう集合の呼びかけに誰も反応しません。しまいには、「こっちには大粒のものがあるよ！」「お父さんがんばって！」「せーのっ……、ガサガサガサガサ！」。初めて出会ったはずの家族同士が協力してヤマブドウの収穫作業を続けました。子ども達

は地面に車座になり、収穫したヤマブドウの山分けをしています。

野生に戻ってしまった人間は、もう日常の社会生活ルールには適応できません。私はそのあとの遊びをすべてなかったことにして、ヤマブドウの収穫、味見、そしてそのあとはみんなでジュースを作って飲むという、ぜいたくで素晴らしい時間に大幅変更しました。

採取するという動作は、先ほど紹介した野生の果実の採取以外にも、山野草の採取や畑の収穫などもあり、どれもおいしく楽しい体験です。また、「味わう」とセットでなくても、シロツメクサなどの草花を摘むなど、その場にあるさまざまな植物をフィールドを歩きながら採取するのもオススメです。

虫は苦手で……という子どもと大人でも一緒に楽しみ、身体を動かすこともできるので、自然の楽しさに入り込むきっかけとしてはとても有効な手段だと思います。

集める

集める動作は、単純ながら子ども達一人一人の個性が光る面白い遊びです。集めるとは、すなわち「コレクション」することなので、好きなものをなるべくたくさん集めることを第一に考えます。コレクションするものにルールは一切なし。この自由さがよいのです。ちなみに、今まで見てきたコレクションの人気ベスト3は、「石」「葉っぱ」「木の実」。これは、10年間不動の人気を誇っています。

どの素材も集め方はさまざまで、同じ色や同じ大きさ、形を集めたり、逆にさまざまな大きさ、色、形のものを集めたりもします。とことんこだわりながらフィールドを歩き回るのが、「集める」という動作の最大のポイントです。

保育園児との自然遊びで、個性が光る「集める」遊びを一緒に体験したことがあります。とても面白かったので、少し皆さんと共有してみたいと思います。

ドングリネゴシエーター

夏の終わりの雑木林で、年中さん、年長さんと自然遊びをした時のことです。この日は、「自分の宝物を集めよう!」をテーマに、虫かごを持って各々が好きな場所を散策しました。子ども達は、森の中を走り回っては止まったり、急な斜面をおしりで滑り降りながら何かを拾うという動作を続けながら、森の中を移動していきます。

この日の人気ナンバーワンは、台風で早めに落ちてしまった「ドングリ」です。

「ドングリみ〜っけた！」という大きな声が森の中で聞こえると、どの子も自分の作業を中断し、その場所まで走っていきます。そして我先に自分のお気に入りのドングリ探しが開始されます。何人かの子どもが、「長谷部先生、これ見て！」と声をかけてくれました。声の先に歩み寄ってみると、それぞれの手にはその子にとっては特徴的で面白いドングリが握られていて、自慢げな表情で私の方をじっと見つめています。

集合時間の少し前に私は山を下り、集合場所の広場に向かいました。すると、スモックが汗でびしょ濡れの男の子４人が車座になって私の行く手をふさいでいるではないですか。何をしているのかをそっとのぞき込んでみると、自分達が集めたドングリの交換会をしていたのです。

「これはダメ！　絶対ダメ！」

「これいいよ。でも、たくさんちょうだい」

「俺これが欲しい！　こうかんこしてー」

子ども達は真剣な表情で友達が持っているドングリを一つ一つチェックしています。どうやらA君は小さな穴が空いたドングリを、B君は帽子をかぶったドングリを、C君は大きめのドングリを、D君はとにかくたくさんのドングリを集めていたようで、おめがねにかなうドングリを友達のドングリの山から見つけては自分のドングリと交換してもらうための交渉をしていたようです。

交渉の過程である子どもは、穴が空いたドングリを1つ手に入れるためにドングリを4つ差し出したり、とにかくどんなドングリでもいいのでたくさん集めたい子どもは仲間のおこぼれをひたすら自分の容器に入れたりしていました。その表情を見てみると、交渉がうまくいった子どももいれば、どうもうまくいかない子どももいるようです。私はその光景が、小さな国同士のやりとりに見えてとても面白かったのを覚えています。

コレクションは、こだわりが強ければ強いほど集めたものの〝宝物感〟が高まります。また、それに比例してフィールドを歩き回る距離も増えてきます。

レア度が高いものを誰かが見つけると、自分もと、子ども達はあわてて森を走りまわります。集めたものへの満足感と十分な運動が、子どもの心も身体も発散させてくれるのです。また、この遊びに仲間が加わることで、「ドングリネゴシエーター」のような小さな小さな社会経験をすることもできます。

冒険する

冒険は、その「ぼうけん」というサウンドだけでも子ども達が興奮の境地に至ることのできる遊びです。冒険するということは、すなわち自分にとって道なき道を進み、未知の世界へはばたくようなものですから、そこには「ちょっと怖い」「ちょっと苦手」がたくさんあり、それらを乗り越えていくことに醍醐味があります。

日常ではなかなか目の前にある自分の苦手を超えるのが難しい子どもも、「冒険」という名のもとに乗り越えるべき壁を目の前にすると、なぜかがんばって越え

てみようと思えるのがこの遊びのすごいところです。
数ある子ども達の冒険の中でもっとも険しく楽しかった冒険談を、皆さんにお伝えしたいと思います。

遭難・SOS事件

4月上旬、年長さんになって初めての自然遊びの時です。この日の遊びのテーマは「冒険」。スタートは保育園の園庭で、杉や竹林がある小さな山を抜けて田んぼまでのコースを10〜11人のグループで歩き通すことを課題に設定しました。ルールは、歩きやすい山道は通らないこと。

ここまで説明しただけで、子ども達は新年度特有のヘラヘラ・フワフワ感が一気に抜けて真剣な表情に変わります。私はさらに冒険者特有のドキドキ感を足してあげようと、グループに一つ、片側に輪を作った10mのロープを渡すことにしました。使い方の説明をして、グループ代表の子どもの背中にロープを装着させたころには、不安と期待が入り交じった独特な空気感があふれてきました。

スタートのかけ声と同時に森の中にゆっくりと消える子ども達。グループごとに先生一人がついているので危険は回避できるものの、どこを通って田んぼにやって来るのかは予測不能です。

スタート早々森の中から「俺がロープ付けてくるからみんな待ってろ！」「〇〇ちゃんがんばって！」「この道すごい面白いよ！」。さまざまな声が聞こえてきます。40度以上の急斜面に取り付けたロープでズルズルと滑る土の上を降りるチーム、常緑樹が生い茂るジャングルのようなエリアに消えていくチームなどさまざまです。

いつものように山道を歩いていけば、田んぼまでは10分とかからないコースですが、この日子ども達が田んぼまでやってくるのにかかった時間は50分以上でした。次々と現れる子ども達は全身泥だらけ。そして自信に満ちあふれた表情をしていました。

そろそろ全員集まったかなとグループ数を数えてみると、まだ一チーム着きません。先に到着した子ども達は休憩タイムにして、少し心配になった私は捜索をすることにしました。なんとなく把握している方角へ進むと、森の中から「誰か助けてー！」と本気のSOSの声が聞こえてきました。どうやらグルグルといろいろな場所を進んだために方向感覚を失ってしまったようです。

私は「おーい！　こっちだよー！」と、助け船を出しました。するとすぐに「長谷部先生の声が聞こえたぞー、みんないくぞー」と元気な声が返ってきます。このチームが無事到着するまでにかかった時間はおよそ1時間。無事に田んぼまで出てきたときの子ども達の安堵と満ち足りた笑顔は、いまだに忘れることができません。

冒険は、子ども達の心と身体をほどよく成長させてくれるとても面白い遊びです。が、あくまでも「少しがんばれば乗り越えられる負荷」と「自分の意志でやると決めて挑む環境設定を設ける」ことが大切です。

たとえば、15㎝の高さから飛び降りるのが大冒険の子どももいれば、1mの高さから飛び降りるのが大冒険の子どももいるので、そこの見極めが肝心です。負荷が大き過ぎると大ケガにつながったり、場合によってはトラウマになってしまうので、十分注意してから大冒険に出かけるようにしましょう。

「動」の遊びは、子どもの心と身体をダイレクトに発散させてくれますが、アクティブな場面も多い分、ケ

ガが起きやすい面もあります。子どもの安全を十二分に確保しつつ、思いきり自然の中へ飛び出していける環境作りを事前に用意してください（けがの予防については、第5章で触れます）。

「動」の遊びを上手に日常に取り入れられると、心も身体も、頭もまんべんなく使うことができるようになります。事実、体験からくる学び以外にも、「ご飯をたくさん食べるようになった」「夜しっかり眠るようになった」などといった副産物を得たという報告を受けています。

「静」と「動」のバランスを大切に

子ども達と遊ぶためのテクニックとして、ここでは「静」と「動」の切り口でお話をさせていただきました。静の遊びも、動の遊びも、対象に合わせた設定にしてあげれば1歳から5歳まで、どの年齢の子ども達でも間違いなく楽しい時間を過ごすことができます。ただし、どちらかに偏り過ぎた遊びになってしまったり、子どもが「動」を欲しているのに「静」の遊びを強要してしまうなど逆のほうに傾いてしまうと、当然のことながら子どもにとってまったく面白くない時間になってしまいます。

こうしたことを起こしている保護者、指導者に限って、冒頭に書いた「子どもがすぐに飽きてしまう」「うちの子には向いていないみたい」といった発言をすることが多いのです。

子どもには「静」と「動」のバランスがとても大切です。

● 「静」と「動」のどちらで、どんなことを本人がしたいのかをくみとってから遊ぶこと。

● 「静」と「動」、どちらかに偏った遊びを続けていると心身のバランスが崩れる可能性があるので、ときにはもう片方の遊びを提案してみる。

以上2つのポイントを念頭に置き、そのメカニズムを理解した上でさまざまな遊びを一緒に楽しんでみてください。

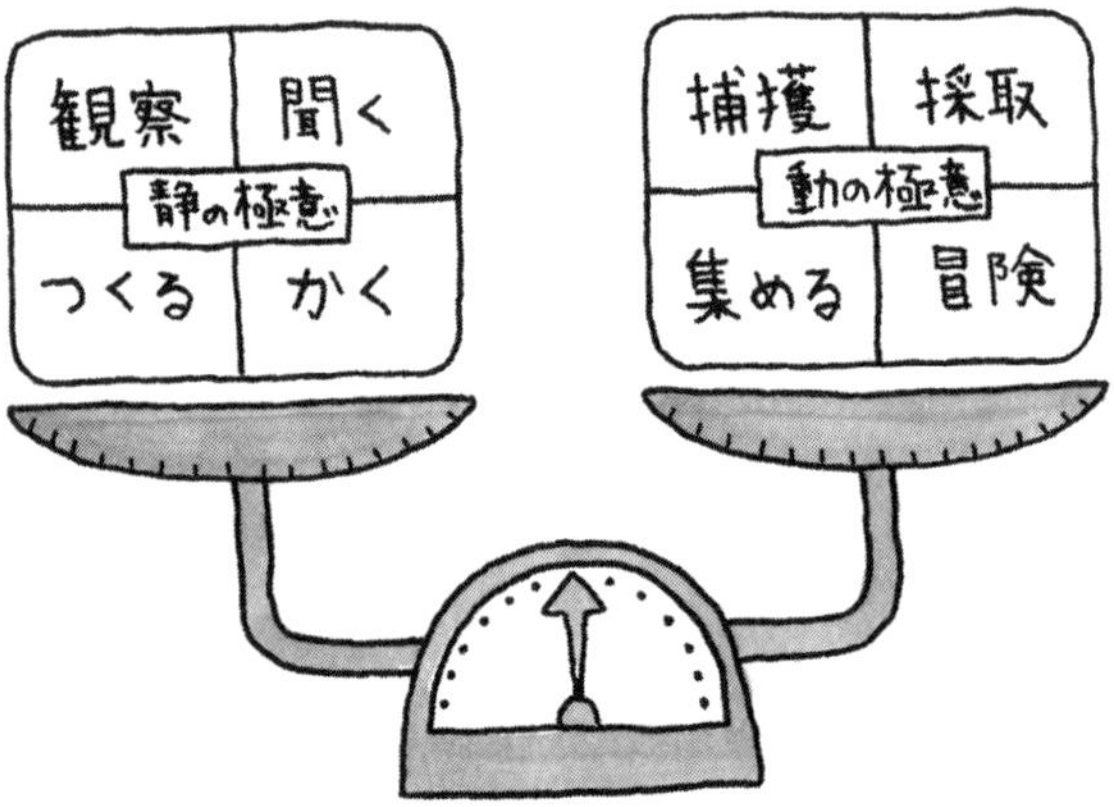

自然遊び10点セット

自然遊びは、「天気よし、持ち物よし、気分よし、計画オッケー。さて、自然遊びに出かけよう！」と、気張って出発するようなものではありません。

玄関を出て見上げれば空、道ばたには雑草、小さな都市公園と、自然は身のまわりにいくらでも存在しているので、いつでもどこでも自然遊びをスタートできることが重要です。事実、行列で歩くアリに心を奪われたり、落ち葉を空高く飛ばして葉っぱの雨にしてみたり、手ぶらでどこででも一日中自然遊びはすることができます。毎回新たな発見もあることでしょう。

さらに、そこにいくつかの道具が加われば、遊びや学び、発見の幅が数倍にも広がります。これからご紹介する道具達は、保育園児や幼稚園児と自然遊びをするときによく使うツールです。

人間の進化も道具の登場にありというくらい、道具を使うというのはとっても大切な要素です。どれも子ども達が夢中になって自然を味わうことができる厳選された道具ですので、参考にしてみてください。

自然遊び基本セット

「自然遊び基本セット」は、子ども達が自然の中で遊ぶ際に持って行くと、遊びの幅がぐんと広がる一番ベーシックな道具達です。使い方もシンプルなので保護者や指導者の方もいろいろ応用できると思います。何よりもかさ張らないですし、それほど重たいものでもないので、いつもかばんの中に忍ばせておいてもらいたい道具達です。

子どもが道具を自分なりの方法で使い始めるという行為は、成長の過程でなくてはならない通過点です。使い方がシンプルで危険度も低い物ばかりなので、まずはどんどん使わせてあげましょう。

虫眼鏡

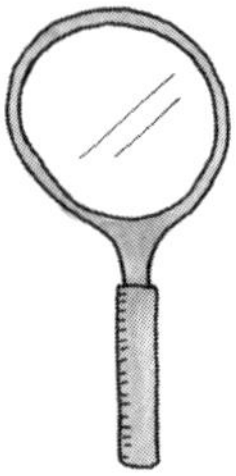

虫眼鏡は、対象物を大きく見るための道具です。高価になると10倍以上拡大してのぞくことができるものもありますが、実際に使うのは子どもが思い思いの方法で使え

て、壊れても痛手の少ない、１００円程度で売られている2～4倍くらいの倍率のもので十分です。

この虫眼鏡を手にすると、子ども達は対象物を探しては永遠にのぞき続けます。

のぞいた先には今までとは違う世界が広がります。たとえ葉っぱ1枚でも虫食いのあとを見つけて「これは誰が食べたのか？」など、新しい疑問が生まれたりもします。これは虫眼鏡の倍率がそうさせるのではなく、虫眼鏡を「のぞく」という行為によって視線が一点に集まり、その効果が子ども達を集中させるのです。

使い方

おじいちゃんやおばあちゃんが新聞を読むような、虫眼鏡を前にグッと出して遠くからのぞき込むような見方はしません。

虫〝めがね〟なので、片方の目を手でふさぎ、もう片方の目に虫眼鏡をくっつけます。見たい対象物があっ

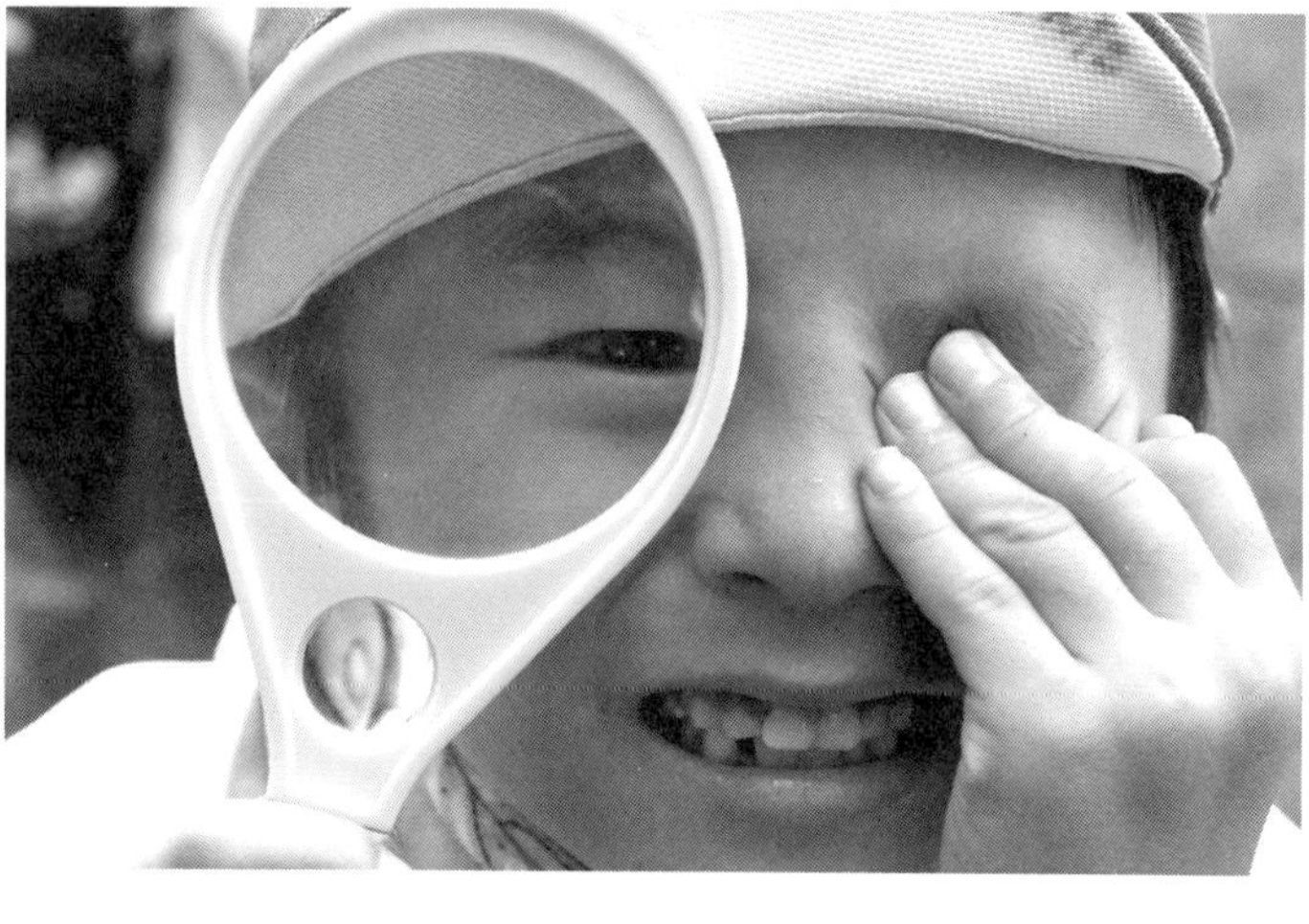

た場合は、焦点が合うまで自分の顔を近づけます。そうすることで、虫や植物の世界にお邪魔させていただくような気持ちになれます。

気をつけること

虫眼鏡で太陽など光の強いものを直接見るのは絶対にやめてください。虫眼鏡は、どんな倍率でも焦点を合わせると黒く塗った紙に火をつけることができます。同様に黒目に焦点が合うと失明してしまう可能性があります。

クレヨン&スケッチブック

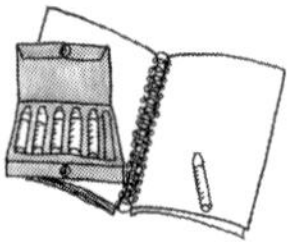

クレヨンとスケッチブックは、室内で使う印象が強いですが、この2点は、実は自然の中で大活躍する道具です。クレヨンは、鉛筆のような「線書き」だけではなく、クレヨンに巻いてある紙をはがして「面塗り」をしたり、友達と半分に折って分けたりと、自由な使い方ができる魔法の筆記具です。

幼児期は力のコントロールができないので、高級な細いものだとすぐに折ってしまうことがあります。そこで、太めのクレヨンを購入することをオススメします。安いものでＯＫです。スケッチブックも同様で、どんどん使えて汎用性のある、紙が薄くて枚数も多い、１００円程度で売っているもので十分です。

見たものを記憶にとどめるだけではなく、クレヨンとスケッチブックを使って違う形でアウトプットする作業は、自分が体験したことをそのまま体験としてだけで終えるのではなく、生きた知識に変える大切な作業でもあります。

使い方

クレヨンとスケッチブックは、持ち帰るのが難しい、たとえば樹木に虫たちが集まっている生の光景を写したり、木の模様をクレヨンでこすり出してコレクションしたりするのに使います。また、虫を捕獲したその場の感動が消える前にスケッチすると、ただ虫を描くよりも子ども達が集中していつもよりもたくさんの発見をします。

スケッチブックは、保護者や指導者にとっても重宝します。公園などでその場で地図を描いて宝探し遊びをしてみたり、お話をする際にその場でイラストなどを描きながら説明すると、子どもの集中度や理解度がグッとあがります。また、時には紙飛行機を作って飛ばして風を感じてみたり、おやつの入れ物を折ったりと、さまざまな展開ができます。

気をつけること

遊びに集中すると、クレヨンの包み紙や、使い終わったスケッチブックの切れ端などを落としたままにして帰宅してしまうことがあります。自然の中で遊んだら、ゴミを落とさないよう、来た時よりもきれいにして帰るように心がけましょう。

レジ袋

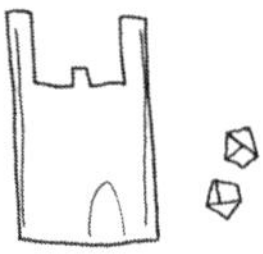

レジ袋は、世界でもっとも軽くて小さくなる〝入れ物〟です。日本のレジ袋は海外の物にくらべて丈夫で使いやすいので、途上国へ行く際の手土産になるほどです。オススメは、小さな物を買った際にもらえる（最近は購入する場合もあります）小さめで持ち手が付いているタイプです。これは、子どもが自分で持った時にも取り回しが

よく、かつ自分で持ち運べる程度のサイズ、重さのもののしか入らない容量だからです。小さく折りたたんで、いつも5~6枚は持ち歩きましょう。

使い方はシンプルで、さまざまなものを〝入れる〟ために使います。拾って入れる、採って入れる動作は、子ども達のコレクター魂に火をつけます。また、何かを集める遊びの中で、子ども達は一見同じように見えるものでも小さな違いを見つけます。そんな経験からこだわりや観察力が身につきます。

使い方

レジ袋は、幼児期の遊びでもっとも多い「集める」遊びで活躍します。この遊びは2歳くらいから始まることが多く、レジ袋は、ドングリや小石、葉っぱなど、集めた物を入れる入れ物として大活躍します。捕獲した生きものを一時的に入れたり、時には水を入れて運んだり、袋に小さな穴を開けてシャワーがわりに使ったり、濡れ

た洋服を持ち帰る際に使ったりと、使い方は無限大です。

気をつけること

子どもは「かぶる」遊びも大好きです。袋を頭からかぶってそのまま窒息死といった事故も過去には起きています。袋を使って遊ぶ際は保護者や指導者がしっかりと見守るようにしましょう。一番危ないタイミングは、まだ何も入っていない状態の時です。

捕獲系追加パッケージ

なんでもかんでもまずは捕まえてみる……。不思議なもので、子どもは大人が何も言わなくても勝手に生きものを捕まえて遊ぼうとします。捕獲は、子どもと野生の生きものとの真剣勝負。生きものからすれば、生死を分けた本気の戦いです。ダンゴムシでも、トンボでも、カマキリでも、自分自身が捕獲することができた感動は、子ども達にとって大きな自信につながる瞬間です。子ども達自身の中にある〝野生〟に触れる瞬間は、子ども達のこれからの成長に大きな栄養になることは間違いありません。

子どもに捕獲の遊びをさせる場合は、これから紹介する道具を用意してみてください。

虫かご

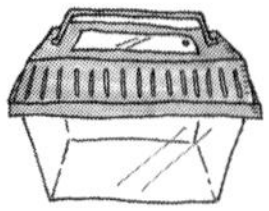

虫かごは、捕獲した生きものなどを入れる道具です。全面がメッシュ状になっているものと、蓋だけがメッシュ状になっていて下の部分は透明のプラスチックでできているものの2種類があります。私がオススメするのは、「飼育ケース」ともいわれる後者です。なぜなら、陸で捕獲できる昆虫類はもちろんのこと、水辺で捕獲できるオタマジャクシや水生昆虫なども水と一緒に入れることができるからです。

虫かごは、わざわざ買わなくても、海苔や駄菓子が入っているような大きな蓋付きのプラスチックの入れ物の上部に空気穴を開け、たすき掛けできるようにひもを付ければ、簡単に作ることもできます。

虫かごは、子ども達にとって大切な宝箱のような存在です。不思議なことに、虫かごに入れた瞬間から捕獲した生きものは〝大切なもの〟に変わり、愛着や親近感が生まれます。この感情が生まれると、対象物に心身ともに近づきやすくなり、より多くの発見をするチャンスが生まれてくるのです。

使い方

使い方はいたってシンプル。上蓋を開けて捕獲した生きものを入れるだけです。ただ、ちょっとしたコツがあります。すでに生きものが入っている虫かごにさらに生きものを入れようとすると、「全員脱走事件」が勃発します。それを防ぐためには、捕虫網を上からかけて蓋を開けるのが効果的です。また、トンボやチョウなど空を飛ぶ生きものだけが入っている場合は、虫かごの上下を逆にして蓋を開けると比較的逃げられずに新しい生きものを入れることができます。

気をつけること

子ども達と自然遊びをしていると、ミミズでも、チョウチョでも、カマキリでも、オタマジャクシでも、みんな一緒に入れてしまう光景をよく見ます。このような状況になってしまうと、「捕食」や「住む環境が違うので死んでしまう」といったことが起きてしまいます。

少なくとも、水の生きものは水の生きものだけ、陸の生きものは陸の生きものだけ、捕食関係にありそうなものは分けておきましょう。

「捕食」は自然界においてとっても大切な出来事ですが、無駄にそのよう環境を作る必要はありません。

小瓶

小瓶も、虫かご同様捕獲した生きものを入れるためのものですが、その目的は大きく異なります。虫かごは捕獲したたくさんの生きものの全体を眺めるものなのに対して、小瓶は生きもの単体を集中して観察するための「観察ツール」なのです。

こういった遊びをするための専用の道具として、小さな立方体で全面が透明になっている「観察ケース」というのもありますが、ジャムなどの小瓶で十分にその機能を果たします。作り方は簡単で、瓶の蓋に空気穴をたくさん開けるだけです。

ただ小さな瓶に生きものを入れるだけですが、その効果は絶大で、生きものを直接触れられない子どもでも、透明の壁を一枚隔てることで安心感が生まれます。３６０

度、上下左右全方位的に近距離でじっくり観察することができるため、対象物のちょっとした仕草や足に生えている毛など、微細な違いをキャッチできるようになります。

使い方

私がよく使うのは、虫かごにたくさん集めた生きものの中から好きなものだけを選んで小瓶に移し、さまざまな角度からその対象物をじっくりと観察するやり方です。小瓶のよいところは、観察対象物を一人で落ち着いて観察できることのほかに、触ったら危険な生きものなども安心して観察できることです。水の中にいる生きものも水と一緒に入れて観察することで、小さな水族館のように観察することができます。これに虫眼鏡を組み合わせると、パーフェクトな観察セットになります。

気をつけること

虫かごと違い、小瓶の中は狭く、また観察するための道具ですので中に土や枯れ葉を入れたりしません。そのため、捕獲した生きものを長時間入れておくと弱ってしまうことがあります。ある程度の時間観察をしたら、そのつど逃がしてあげてください。

捕虫網・水辺用網

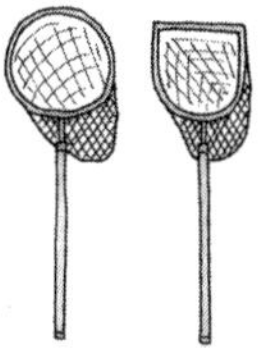

捕虫網は、子ども達にとって自然遊び界最大の武器です。捕虫網も安価なものから高価なものまで幅は広く、〝プロ用〟ともなると、ポール部分が伸縮自在のカーボン製、網の部分が深い袋状になっていて数万円以上といったものもありますが、もちろん数百円で売っているものでかまいません。

可能であれば、陸の生きもの捕獲用と水辺の生きもの捕獲用の2種類の網を使い分けることをオススメします。陸用の捕虫網は網の部分が丸い形をしているのに対して、水辺用は網を水の中に入れ、地面にそって引けるように上部が平らになっています。

捕虫網を使って自分で生きものを捕獲できた時の感動はひとしおですが、実はそのほかにも「捕獲」が目的で自然の中に入ると、目的に集中していることもあり、日常の数倍も歩いたり走ったりと運動量が増えるという利点もあるのです。

安い捕虫網は季節商品であることが多く、夏が過ぎると途端にお店から姿を消してしまいます。「今年は虫取りをするぞ！」と思ったら、お店にあるうちに購入しておくようにしましょう。

使い方

子ども達には、よく「ビュン」「パサッ」「ツンツン」「ガサガサ」の４つの使い方があることを教えます。

「ビュン」は、飛んでいる生きものをバットを振るように捕虫網を大きく振る方法のことで、コツは空中で捕獲後すぐに網を90度回転させること。捕獲した生きものが逃げにくくなります。

「パサッ」は、地面にいる生きものに対して網を上から下にそっと落とすように使う方法です。

「ツンツン」は、草原を、捕虫網の持ち手を下にしてツンツンつつきながら歩き、草の間に住んでいる生きものを驚かせて飛び跳ねさせる方法です。

「ガサガサ」は、水生生物を捕るための方法で、水の中に網を入れて水の底につけ、その後上下させながら自分のほうへ網を寄せていく方法です。

使い方が正しいと生きものを捕獲できる確率がぐんとあがるので、保護者や指導者の方はていねいに教えてあげましょう。もちろん、生きもの捕獲に飽きたら棒引きやチャンバラに使ってもOKです。

気をつけること

子どもは生きもの捕獲に夢中になると、まわりが見えなくなる傾向があります。そのため、捕虫網を持って森を歩いているときや捕獲しているときに、まわりにいる友達に捕虫網をぶつけてしまいがちです。

子どもにとって「思いっきり遊びながら気をつける」という動作は、非常に難しいことなので仕方がないことなのですが、大きなケガにならないように見守る必要があります。

冒険・博士系追加パッケージ

さらに深い自然遊びを！　アクティブな体験を！　という方には「冒険・博士系追加パッケージ」も用意するとよいかもしれません。4、5歳児になってくると、対象物について調べることを楽しめるようになったり、自然の中での遊びも高いところから飛び降りる、登るなど、動きが高度になってきます。子どもの遊びの内容の成長に合わせて、保護者や指導者がより高度な遊び方や道具使いができるような場づくりをしてあげると、子ども達の成長は際限なく促進されます。

このパッケージを使う際に気をつけたいのは、〝今このタイミングではない〟のに無理やり〝やらせてしまう〟ことです。タイミングを見計らって、場づくりをしてあげましょう。

図鑑

図鑑は、気になったことをあとから調べるためのほかに、図や写真が多いことから子ども達にとって面白い読み物としても人気が高い道具です。図鑑には大きく分けて

2種類あり、一つは室内で使う大型の図鑑で、もう一つは外に持ち出せるポケットサイズの図鑑です。大型の図鑑は見やすく、めくる楽しさがあり、ポケットサイズの図鑑は軽くて小さいというよさがあるので両方あるのが望ましいのですが、まず一つ手に入れるとしたら、ポケットサイズのほうが汎用性が高いのでオススメです。図鑑はそれなりに高い買い物ですし、知りたいことが増えれば増えるほど冊数が増えるのでなかなかお財布に厳しい道具ですが、可能な範囲で対応してあげましょう。

図鑑を使う、眺めることが楽しくなってくると、子どもの探究心や知識欲が育ってきているといえるでしょう。また、気になったことを調べる、調べたことを確認する（検証する）などは、もう大学の勉強の仕方と変わりません。好きな子どもにはとことん図鑑を使わせてあげてください。

使い方

読み物として使う場合は、子どもの思うがままにページをめくり、気になったところはいつまでも眺める……ということで十分ですが、調べるとなるとちょっとコツがいります。たとえば、昆虫なら外側が固いか？　身体が細長いか？　どんな昆虫に似ているか？　などから検索をしていくわけですが、はじめはなかなかすぐに目当てのものが見つからないことがあります。保護者や指導者の方がじっくり付き添って調べるようにしてあげてください。

気をつけること

図鑑を購入する際は、可能な限り子どもと一緒に選ぶようにしましょう。どの図鑑も基本的には同じような内容が記載されていますが、子どもがフィーリングで反応を示す部分は千差万別です。私達大人では気づかないページのレイアウトやイラストの雰囲気などから、お気に入りの1冊が見つかるのです。興味を示さない図鑑を無理やり渡すと、重いのに漬け物石にもならない物体になってしまいます。

また、昆虫図鑑は比較的どれも使いやすいのですが、「植物」や「樹木」「木の実」などになってくると大人でも使うのが難しいことがあります。ですので「植物」「樹木」「木の実」などは、いろいろなものがまんべんなく記載されている総合図鑑などで大きくとらえる程度にするのがコツです。

セロハンテープ

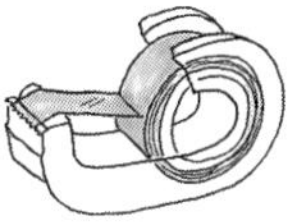

タイトルを読んで、「ん？　セロハンテープがなんで自然遊びに？」と思った方、実はセロハンテープは自然遊び道具界の名脇役です。〝なんでも好きなように貼れる〟この道具は、子どもからするとイメージをさまざまな形にしてくれる魔法のアイテムなのです。購入するのは、子どもがどんどん使えるような安いもので十分です。サイズは子どもが安全に自分で扱いやすいように、小さくてテープを切る部分がプラスチックのものがオススメです。

収集したり、工作したり、絵を描いたりする時に、何かを貼り付けるという動作が加わると、世界が平面の２Ｄから立体の３Ｄに変わります。セロハンテープがあるだけで、子どもの発想が自由になり、大人が思ってもみなかった新しい行動をたくさん生み出してくれます。人間がつくった不思議な道具〝セロハンテープ〟を使うことで、より自然素材に触れるきっかけを得ることができて、さまざまな素材感を体験することができます。

使い方

セロハンテープは、貼る、留めるが代表的な使い方です。拾ったドングリを大きさ順に貼り付けたり、紅葉時期の葉っぱを色のグラデーション順に貼ってコレクションにしたりすることができます。これは帰宅後も壁に貼って飾ったり、ファイリングすることができるので人気の遊びです。また、テープの粘着面を外側にして輪にしたものを使って、大きな落ち葉に木の枝や木の実を貼り付けて顔を作ったりすることもできます。そのほかにも、長く切ったセロハンテープを細くねじって木の太さを測るメジャーがわりに使うこともできます。

気をつけること

セロハンテープは消耗品であるために、ゴミとして自然の中に落としてしまうことがよくあります。また、生きもの自体を紙に貼り付ける遊びをしたくなってくるのが子どもの本能です。テープで貼り付けられた虫は、よほどのことがない限り、死んでしまいます。子どもにとって早い時期に残酷性を体験しておくのは大

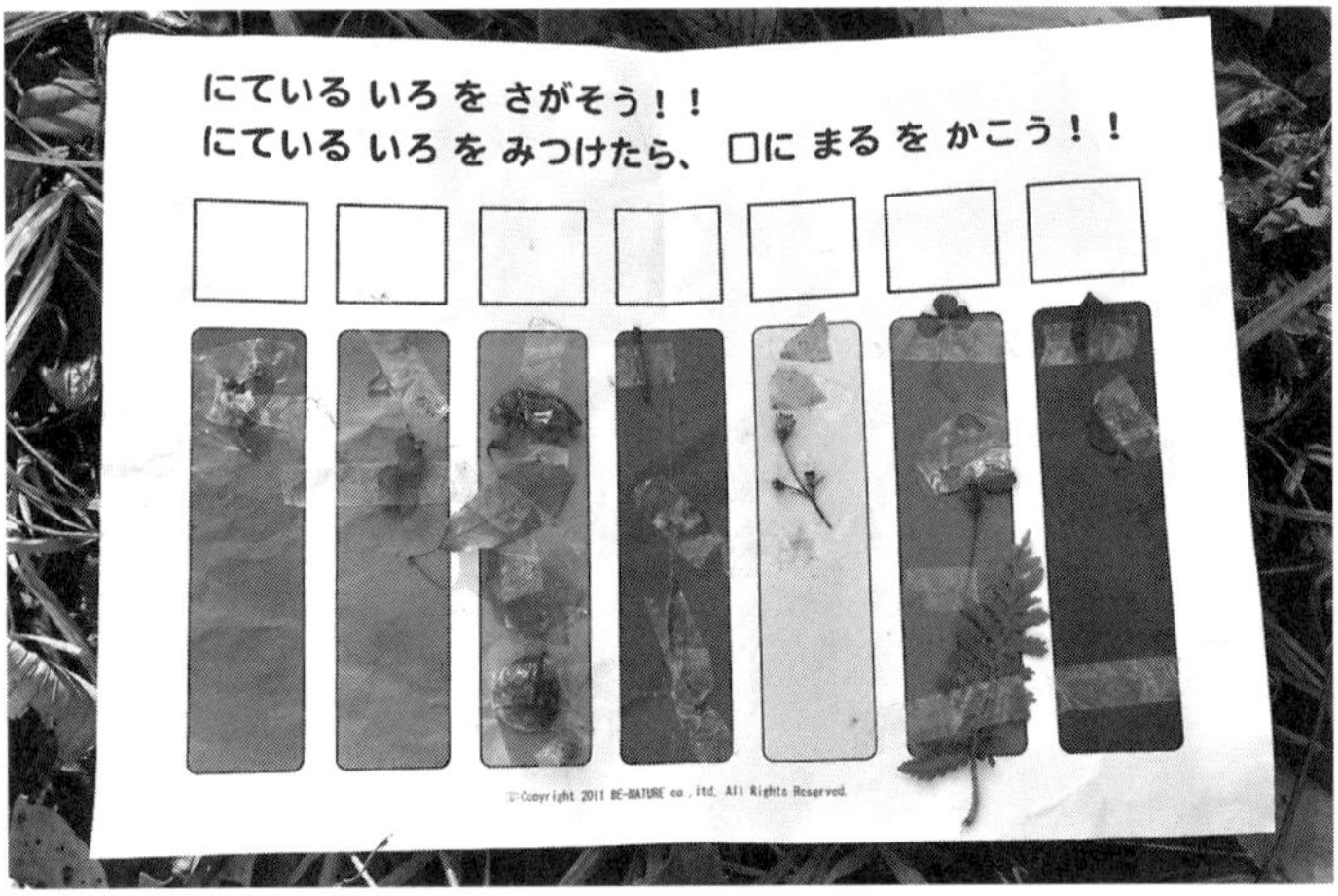

切なことですが、保護者や指導者がそばにいる以上は事前に子どもと最低限のルールを話し合ってから使うようにしましょう。

ロープ

ロープは、出会った瞬間に子ども達の冒険心に火をつけます。用意するロープは、綿100パーセント素材の「金剛編み」というほつれにくい編み方でできている、太さが12㎜以上のものがオススメです。長さは10ｍほどあると汎用性があります。細すぎるとつかみづらくなったり、ナイロン製だと熱に弱いので子ども達が乱暴に扱うとこすれた部分が摩擦で溶けてしまう場合があります。

ロープ遊びは、フィールドアスレチックのようにダイナミックな場所でやることを想像しがちですが、そういった場所でないとできないというわけではありません。

実はロープが斜面にかけられているだけで、子ども達の心の中には安心感が生まれます。ロープがあることで、今までは降りられなかった下り坂や登れなかった上り坂でも、みずから挑戦しようという気持ちがわいてきて、実際に挑戦するというアクションが生まれます。みずから挑戦して自分の中の限界を少し超えられたときの達成感は、子ども達の成長にとってとても大切な要素になります。

使い方

ロープを使った遊びの中で、子ども達の一番人気はターザン遊びです。丈夫そうな樹木の枝にロープを1本かけて、ロープの両端を一緒に結べば完成です。また、ロープの両端をそのまま結ばずに、太めの木の枝を結びつければブランコになります。

また、年長さんくらいの年齢になると、ロープの一端を輪になるように結んでおいてあげると、登りや下りの際に自分達で丈夫な木を探し、輪になっている方を木にかけ、その輪にもう一端を通して引っ張ってロープを張ることができます。このやり方を覚えた子ども達は、運動が苦手な子も得意な子も入り交じって冒険隊の結成が始まります。

気をつけること

保護者や指導者が気をつけたいことは3点あります。一つは思いっきりロープ遊びができるように、公園や雑木林などの管理者に事前に許可をとることです。二つ目は、ロープをかけたりぶら下がったりする木がすぐに折れないか一緒に確認をしてあげること。そして最後に、ブランコやターザンロープは絶対に子どもの腰の高さ以上に高く設定しないことです。ロープが高過ぎると、何かのアクシデントで子どもが「首つり状態」になってしまう可能性があります。

紹介させていただいた10種類の道具達の使い方はほんの一例です。実際に子ども達と一緒にいると、大人ではとうてい想像もできないような面白い使い方を発見し、楽しい自然遊びをみずから開発してくれます。

危険が生じる可能性がある場合を除き、大人の固定観念での判断はなるべく避けて、自然の中だからこそ生まれる「遊びの発展」を大切にしてあげましょう。

また、道具を使うということは、当然準備と片付けがあります。上手に場づくりと指導をしてあげれば、使って面白い道具達は、子ども達みずから準備や片付けをするようになりますので、そういった場を活用して生活習慣を身につけさせていくこともオススメします。

親・指導者の関わり方

親子で自然遊びをするプログラムを運営していると、参加者の親子関係や親の子に対するスタンスなどがよく見えてきます。また、保育園や幼稚園の子ども達と自然遊びをしていても、その子ども達の行動や言動から家族関係や家庭環境がなんとなく見えてくることもあります。実際に、親と子の関係性や家族の日常の環境などを直接聞いてみたりしていると、子どもと保護者・指導者の関わり方で、子どもの成長の仕方が大きく変わることがわかってきました。

プログラム参加者の中には、活動中に突然子どもを怒鳴りちらしたり、子どもの反応に我関せずだったり、一挙手一投足に子どものお手伝いをしたり、まわりから遅れていてもじっくり子どものペースに合わせて進んだりと、さまざまなタイプの保護者や指導者の方々がいます。

さて、子ども達のために、どのような関わり方をしてあげるのが一番よいのでしょうか？　自然遊びの現場から、いくつかの方向性が見えてきましたので、ここで少しご紹介しましょう。

「来ただけ」な保護者――放置と見守り

日差しが強くなり始めた初夏の平日、母親と子どもの組み合わせの2組の親子は知り合いのようで、お互い目が合うとあいさつをしながら合流しました。保護者はベンチに座り、スマートフォン片手になにやら楽しそうに会話をしています。

２歳くらいの子ども達は、水深３㎝程度のコンクリートでできた水辺をバシャバシャ歩きながら遊んでいます。水辺は大きな楕円形で中心は小山になっていて向こう側が見えません。子ども達はどんどん水辺を進み、小山の向こうへ消えていきました。すると「ママ、どこー！　ママー！」と母親を呼ぶ声が、小山の向こうから聞こえてきます。

そのころ母親は、親同士の会話に夢中です。反応がない母親のもとに帰ってきた子どもが、「ママ一緒に遊ぼう」と服の端を引っ張りながら声をかけます。すると母親は「もう一度向こうで遊んでおいで！」ともう一度子どもだけで水辺に向かわせました。これは公園で日常的によく見る光景です。

ここで考えなければいけないのが、「放置」と「見守り」です。母親の行動は「放置」のほうでしょう。

公園で遊べていることは子どもにとってもちろん「楽しい」のですが、呼んでも反応がない母親、一緒に遊びたくても遊んでもらえない母親との関わりは、幼児期の子どもにとって決してよい環境とは言えません。公園に遊びにいくことがある保護者に話を聞いてみると、「まさしくそうかもしれない」と返答することが多いです。

さらにいろいろな例を見ていくと、面白いことが見えてきました。保護者は、子どもを公園で遊ばせるのは大切なことだと認識をしているが、〝子どもを公園に連れてきた〟ところで役割は終了し、あとは保護者の自由時間という認識があるようなのです。極端な場合、ふとしたときに自分の子どもの居場所をすぐに見つけられないこともあるようです。

子どもと自然遊びをする時の親の関わり方として、まずやってほしいのは、「見守る」ことです。見守るとは、子どもが安全に遊べているのか動向を見ていることですが、それに加えて子どもがその場所、その時に何を発見し、何を学び、何を考えて、どんな行動をしたのかなど、その動きと喜怒哀楽をキャッチしてほしいのです。そこから充実した自然遊びの展開が始まります。

「ふ〜ん」な保護者・先生――子どもの目線で

　とあるアウトドア・フェスティバルで子ども達とその保護者向けの自然遊びを提供していた時のことです。私達は、キャンプ場の森の中を探検しに行きました。そして道すがら見つけた倒木で、しばし遊ぶことにしました。

　倒木の太さは最大直径40㎝ほどで、ある子は倒木を平均台のように渡り、ある子は腐った部分の樹皮をめくり、その中にいる虫を探したりと、保護者と一緒に思い思いの遊びを展開し始めました。

　ある男の子が、倒木の上に立ち「ねえ、パパすごいでしょ！」と自慢げな表情で叫びました。それを見たお父さんは、「うん」と小さく一言答えながらひょいと同じ場所に乗ります。「ねえ、パパすごいでしょ！」と男の子がまた父親に同意を求めます。父親は再び「うん」と軽い返事をしながら乗っていた倒木からひょいと飛び降ります。子どもは何度も何度も同意を求めるも、本人が求める反応は返ってこなかったらしく、ちょっとしょげて違う遊びを始めました。

　大人からすれば膝の高さの倒木ですが、その子どもからすると、自分の胸の高さ以上ある場所に両手両足を駆使して必死に登った場所なのです。これは大人からすれば、

1m以上ある丸太によじ登ったのと同等かそれ以上の価値があることだと思います。そう考えると、子どもがどれくらいがんばって登り、そして「もしも落ちたら……」という恐怖感と戦った上での成果だったことがわかります。であればもっと力強く子どもの成果を認め、ほめてあげてもよかったのかもしれません。

ちょっとした草むらも、子どもの目線まで実際に下がって見てみると、目の前はジャングルのような光景だったり、小さな水たまりも子どもの足の長さや筋力を考えてみると、大ジャンプが必要だったりします。大人になると簡単にできたりすることでも、大人にとっては安心・安全な場所であっても、子どもの目線になってみるとまったく違うことになります。

子どもと遊ぶ際は、常に「子どもの目線」を忘れてはいけません。大人の経験で優しく見守り、安全を確保してあげながらも、常に自分の感覚を子どもの感覚にリサイズして対象の子どもと関わるようにしましょう。もしかしたら、大人になってからは気づけなかった、感じられなかった新鮮な発見を、大人自身も味わうことができるかもしれません。

「いらない手助け」な保護者・先生――待つことが大切

「水辺の生きものを探そう」というテーマで年長の子ども達と田んぼで遊んでいた時のことです。この日はグループごとに活動をしていて、それぞれ生きものが潜んでいそうな場所を探して移動をしていました。とあるグループが見つけたのは草が生い茂っている細い水路。草陰には大量の水生生物がいそうな気配があるものの、その場所へ行くためにはちょっと急な土手を下り、さらにドロドロの地面に置かれた石の上を慎重に進まないとたどり着けません。

運動が得意な子ども達はヒョイヒョイと跳びはねるように目的地に到着。残る数名は、ちょっと躊躇しているようでした。中には恐怖心からなのか、目に涙を浮かべている子もいます。

先に到着した子どもは、難所をクリアできないお友達に「○○ちゃんがんばって！」「石のところを上にいって飛べばいいんだよ！」と、思い思いのエールを送ったり、渡った先から助けるために手を伸ばしている子どももいます。しばらくすると、応援を受けて「むり！」「こわい〜！」と言っていた子ども達が、少しずつ真剣な眼差しに変わり始めました。少しずつ慎重に進むお友達を見守る子ども達の手は、緊張と怖さで不自然に力が入っています。何度も転びそうになったり、心が折れそうになりながらもあと数歩で渡りきれる場所まで来た時、グループについていた先生がギュッと子どもを抱えて渡らせてしまいました。

私はこの時、「なんてもったいないことをしてしまったんだろう……」と強く思いました。私の感覚では、体力的にも、精神的にも、全員自分の力で渡れていたのですが、最後のひと踏ん張りのところで先生の助けが入り、何人かの子ども達は最大の達成感を得そこねてしまったのです。

その日、子どもに助けの手をさしのべた先生に、どうしてあのとき手をさしのべたのかと聞くと、「手伝ってあげたほうが安全で早かったので」と言っていました。

子どもが、動きまわる生きものの数を何度も何度も失敗しながら数えているときに、数をポロッと教えてしまう。汚れた靴からきれいな靴に自分で履き替えようとしているときに、ひょいと履かせてあげてしまう。そんな、生活面でも、自然遊びの現場でも、子どもがあと少しで自分にとって難しかったことをクリアできるという瞬間に手をさしのべてしまうケースは多々あります。手をさしのべた保護者や指導者にはそれぞれ理由があるため、それを悪と決めつけるつもりはありません。ただ、子どもの成長のきっかけを摘んでしまわないように「待つ」ということも大切なのです。

「なんでも手取り足取り」な保護者・先生――介入のタイミングと方法がキモ

都市公園で自然遊びをしていた時のことです。参加してくださったのは2～5歳の子ども達とその保護者で、「虫探し」をテーマに活動をしていました。公園を歩きまわり、トノサマバッタ、ショウリョウバッタ、オンブバッタ、エンマコオロギ……など、この日はジャンプする昆虫祭りというくらいたくさんの飛び跳ねる虫を捕獲することができました。せっかく捕獲した昆虫達ですから、しっかり観察をしないともったいない。ということで、虫眼鏡でじっくり観察をし、そのあとはスケッチをするという流れでプログラムを進行することにしました。

私が子ども達に「自分でやってみよう」という約束のもとに出した指示は――

①虫眼鏡を取りに来る。
②クレヨンを取りに来る。
③スケッチブックを取りに来る。

以上の3つです。

①～③それぞれ、各指示のあとにはじっくり観察したり、使い方の説明が入ったりと、ていねいに進めていきます。

子ども達は、2歳の子も、5歳の子も、みんな自分達でものを取りに来て、保護者のもとに戻ります。どうしてもわからない子どもは、スタッフがていねいに教えながら誘導をしていきました。

そんな中、一組の親子だけがまわりと少々違う動きをしています。「それでは虫眼鏡を取りに来てください！……」という説明の後、すかさず動き出して子ども達の列の中に並んだのは保護者でした。その間、子どもはというと、お菓子を食べながら休憩をしています。続いてクレヨンを取りに来る作業も同様に保護者が並びます。この時は、子どもが自分で立ち上がったにもかかわらず、それを制して母親が前に出てきました。

私はさすがにこの状態はどうかと思い、スケッチブックを取りに来る作業では、その保護者を制して子ども自身が取りに来るようにお願いしました。自分の道具を自分で調達したその子どもは満足そうにスケッチの作業に入ったのですが、ここからがその保護者のびっくりな行動の始まりです。なんと、子どもが描いたトノサマバッタのスケッチに手を加え始めたのです。その親子の会話を聞いてみると「足はもっとこう長い感じのほうがバッタっぽいわよ……」といった感じです。当然のことながら不満げな子ども。しまいには、泣き始めてしまいました。誰もが見てわかるその子どもの気持ちに同情するまわりの空気感は、何ともいえないドロッとした重いものでした。

教育方針など、さまざまな考え方があるので一概にはいえませんが、子どもが自然遊びをする中で成長するポイントは、「自分で発見し、体験し、感じる」ことです。「人にやってもらっている」感じがあまりにも前に出てしまうと、子どもに不満足な気持ちが起きるとともに、なんの学びも残りません。

ですから、子どもが何か行動を起こす前に手助けをしてしまう、やってあげてしまうのは禁物です。どうしても子ども一人ではできないというタイミングで、自分でできたという感覚を味わえる程度の〝ちょっと〟のお手伝いをするのが保護者、指導者の一番の仕事だと思います。

ポイントは「自分でできた感」の演出です。運動会の50m走で、保護者がかわりに走って1番をとって「○○ちゃんがんばったね！　あなたが1番よ」というようなことだけは避けるようにしましょう。

「とりあえず違う話題」な保護者・先生――ともに学ぶ気持ちを持つ

冬の公園で散歩を兼ねた自然遊びをしていた時のことです。この日は「面白いものや気になるものを探そう」というテーマで、5歳児の子ども達との活動でした。

子ども達は、目に入るものすべてを興味深そうに一つ一つ観察をしながら歩いています。ある子どもはアスファルトに張った氷をなで続け、ある子どもは公園の北側にまだ残る茶色く汚れた雪から白い雪を掘り出して大切そうに運んだりと、実に面白い発見と遊びをしていました。

一人の子どもが、ポケットに大量の落ち葉を詰め込み、さらに両手でたくさん抱えながら先生のところにやってきました。子どもは、「先生、見て！　葉っぱがたくさんだよ！」と嬉しそうに報告をします。先生は優しそうな笑顔で「本当だね。これだけ集めるのは大変だったでしょう」と答えると、その子はさらに嬉しそうな表情に変わり、先生に話しかけます。

「ねえ、先生、あのね、なんで葉っぱは下に落ちてくるの？」

とても面白い視点だなと私は感心しました。その子どもの疑問に対して先生は、

「うーん、そうだね。不思議だね。じゃあこれを使って面白い遊びを教えてあげるね！」

と返答します。子どもはその返答に対して、「ねえ、先生、なんで？」とあらためて質問を投げかけるものの、その質問に対する返答はないまま、落ち葉を地面に並べる遊びが始まりました。

しかし、当然子どもはその遊びに乗り気になれませんでした。プログラム終了後、先生になぜ子どもの質問に対する返答をしなかったのかと聞くと、「わからないから話を変えた」と言っていました。

子どもの質問に対して答えない、もしくは「わからない」で終わらせてしまうことは、先生と子どもでも、保護者と子どもでもよくあるシーンです。

いろいろと調査してみると、そういった返答をする一番大きな理由として「大人は子どもの知らないことを知っていなくてはならない。だから、知らないと格好悪い」という考え方があることがわかりました。

このような対応は、子どもに芽生えた「探求心」「学びのチャンス」をバッサリと切り捨ててしまいます。

大人は子どもの質問に常に適切な返答ができなくてはならないのか？

答えはノーです。大人も知らないことがあるのは当たり前ですし、決して格好悪いことではありません。実際、私も自然に関して知らないことはたくさんあるので、子どもの自由な想像力のもとに生まれる質問に答えきれないことは多々あります。

では、どうするのかというと、〝一緒に考えてみる〟〝一緒に調べてみる〟のです。そうすれば、子どもの成長のチャンスをつぶしてしまうこともありませんし、私達自身の成長にもつながります。

時間がなかったり、ちょっと面倒な時もあると思いますが、成長のチャンスを逃さないためにも、ともに学ぶスタンスを持つようにしましょう。そのほうが、私達も肩の力を抜くことができて、素直に楽しむこともできます。

子どもの心をつかむ必殺技を手に入れる

保護者の方でも保育園や幼稚園の先生でも、「せっかく子ども達と自然遊びをするのだから面白い体験やきっかけを提供したい」と思っていらっしゃるでしょう。そのためには、何か特別な技を持たなければと考えているかもしれません。確かに、自然と人の架け橋的役割であるインタープリターやネイチャーガイドなどのプロなら、さまざまな知識や技術・経験が必要になってきます。しかしながら前項でもあげたように、「ともに学ぶ・ともに遊ぶ」というスタンスで子ども達と関わるのなら、ちょっとしたコツさえつかめば、子ども達が集中し、とても楽しく濃厚な自然遊びの時間を過ごすことができます。

これまでに紹介をさせていただいた自然遊びのコツ、子どもが好きな動作（メカニズム）、自然遊び10点セット、子どもとの関わり方までを身につけたら、あとは〝必殺技〟を使うだけです。ここで紹介する必殺技は、〝何とか戦隊〟のヒーローのように一撃必殺で悪を倒せるような強力さはありませんが、間違いなく効果があります。

これから、私が今まで実践してきた中で、もっとも知識・技術体得に時間がかからず、それにもかかわらず効果的だった5つのテクニックをご紹介します。ぜひ実践してみてください。

舞台俳優のような動きと表情

人間は、外の情報を得るために、視覚、聴覚、触覚、嗅覚、味覚の五感をフル活用しますが、その中でも視覚からの情報が約80％といわれています。つまり、人はほとんど見たものから情報を得て、それを心や頭や身体に還元してアクションを起こしているといえるでしょう。

子どもに関しても同様ですが、言葉にのせられる情報量や人生の経験値などが少ないこともあり、視覚から入る情報で「楽しい／楽しくない」「よい／よくない」「驚いている／驚いていない」などを判断します。子どもに対して言葉では抑揚をつけて「上手だね」「面白いもの見つけたね」などポジティブな言葉をかけても、その言葉と表情がリンクしていないと、子ども側の理解や行動はネガティブのほうへ動いてしまう可能性があるということです。

テレビや舞台で主役を務めるような、芸能界で活躍する方達とお話をさせていただく機会があった時に、面白い話を聞きました。テレビドラマと舞台は、どちらも演じることに変わりはないのですが、演技の仕方がまったく違うそうです。テレビドラマはどれだけ自然な演技をしてお茶の間の人を引き込んでいくかが肝心ですが、舞台は表情や身体の動きを自然にすんなり受け入れられる範囲でどれだけ大きく表現して観客に伝えるかが技能として必要になってくるそうです。子ども達との自然遊びにおいて、保護者や指導者の立場で関わる場合は、まさに「舞台俳優」に似ているなと、私は感じたのです。

　驚いた顔はいつもの2倍目を見開き、両手を上に。笑顔はいつもの2倍頬骨を上に上げる。怒った顔はいつもの2倍眉

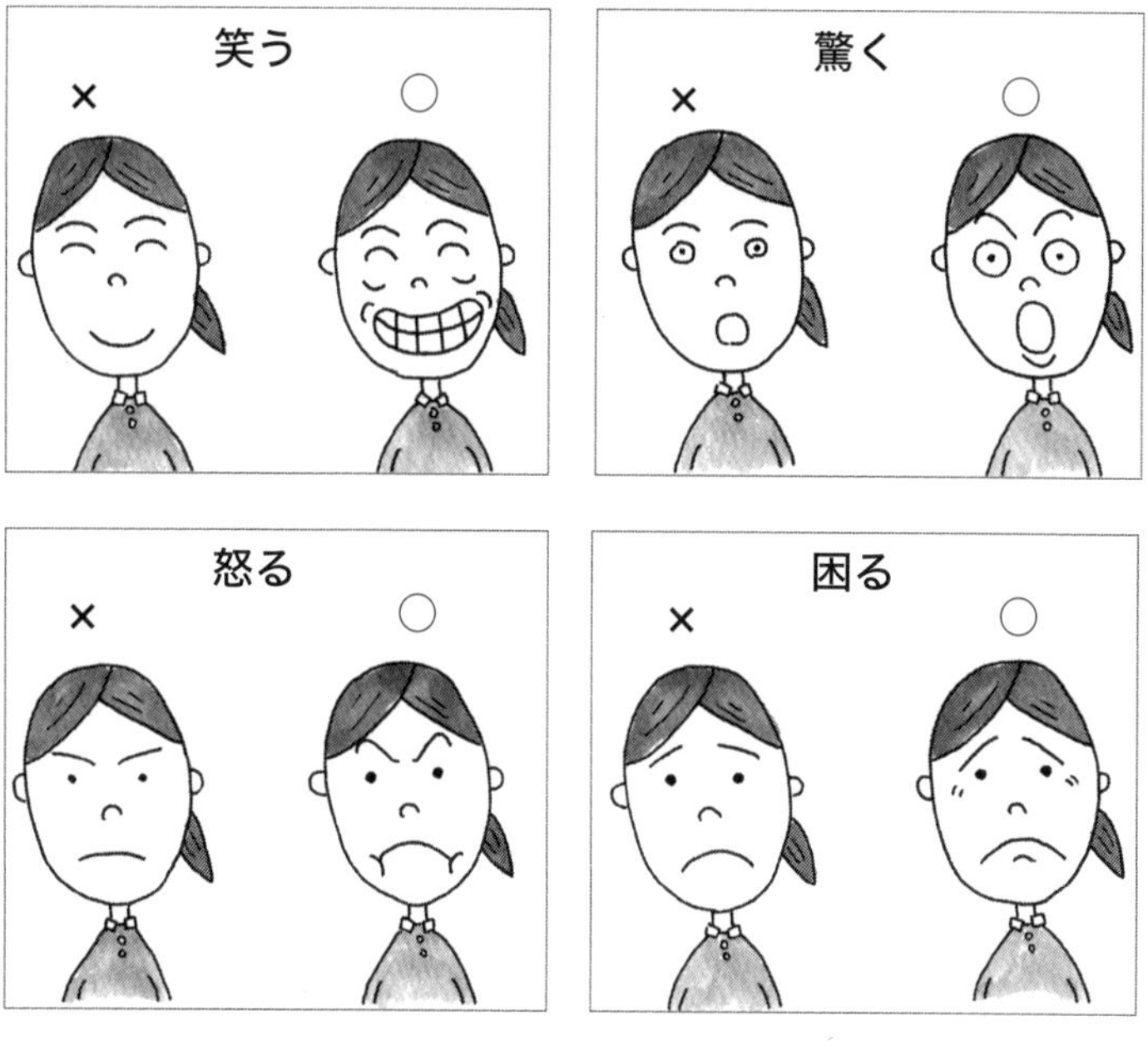

をつり上げて両腕を組む。考えている顔はいつもの2倍眉を下げて口を結び、人差し指をおでこに当てる。などなど、まずはベーシックな表情をしっかり表現してみるのがオススメです。

そのほかにも何かを指さすときは、世紀の大発見をしたかのように、腰を少し落とし、足を大きく広げて、ぴんと伸ばした腕で対象物を指し、驚いた顔をしてみましょう。きっと子ども達はその指が差す先に集まってきてくれるはずです。

言い方一つで世界が変わる

子どもにしっかり聞いてほしいときに、皆さんはどのような語りかけで伝えますか？　何かを説明しても子どもの反応がいまいちだったり、まったく聞いていない子どもがいたりすることは少なくないと思います。単純にその話の内容に興味が持てない、ほかのことに夢中などの要因もありますが、保護者や指導者の話し方に問題があることも多いようです。

以前、自然観察員の方が国立公園内でガイドをしているところに出会ったことがありました。参加者は大人から中学生、小学生、そして幼児までで、導入として森の歴史について話をしています。

「この森は１００年以上前から残されている森で、ブナの巨木がたくさんあって大きいものでは……云々、そして、ブナの実を好む熊を中心にたくさんの生きものが住んでいます。だから大きな木は樹齢１００歳以上の木があるんだよ。そもそもこの森は……云々」

もう幼児と小学校低学年の子ども達はまわりをキョロキョロ、勝手にどこかへ駆け出したりと、集中している様子はありません。観察員の方は、「お話を聞いてくださいね」と声をかけるも、子ども達の様子は変わりません。これは当たり前のことです。だって、話がまったく面白くないのですから。私からすれば、これはもう自然観察員の方のルーチン作業か知識のひけらかしにしか思えません。たとえば、こう話をしてみたらどうでしょう。

「この森には、熊の大好物の木の実がなる大きな木がたくさんあるんだ。だから秋になるとみんなでごちそうを食べに来るんだよ」

私からすれば、もうこれだけで十分です。興味を持ってもらってから実際にいろいろな話や体験をすれば、きっと楽しい自然遊びの時間になるでしょう。こうした話し方のほうが型通りの説明よりももっとたくさんの子ども達が聞いてくれるでしょうし、想像をふくらませてくれると思います。

ポイントは言い方と編集力です。要は、はじめの10秒でどのくらい子ども達が集中して聞き入ってくれるかがポイントなのです。どんな編集と言い方が子どもの心を引きつけるのか？　少し例をあげてみようと思います。

アジサイ

伝えたい内容

アジサイには青や赤の色があり、土壌のｐＨ（ペーハー：酸性度）によって花の色が変わる。一般的には「酸性ならば青」「アルカリ性ならば赤」になるといわれている。酸性の土よりもアルカリ性の土のほうが、農作物が育ちやすい。

伝え方

赤いアジサイが咲いているところは、おいしいほうれん草ができるんだよ。

カブトムシ

伝えたい内容

カブトムシは、オス、メスともにさまざまなサイズがある。サイズは幼虫の時期に摂取した栄養と関係している。天然のカブトムシが大きく育つためには、土、木、周囲の生きものがみんな健康な状態であることが重要である。

伝え方

大きいカブトムシは、幼虫の時に森の土の中のおいしい物をたくさん食べたから大きくなったんだよ。大人になってからたくさん食べても大きくならないんだ。

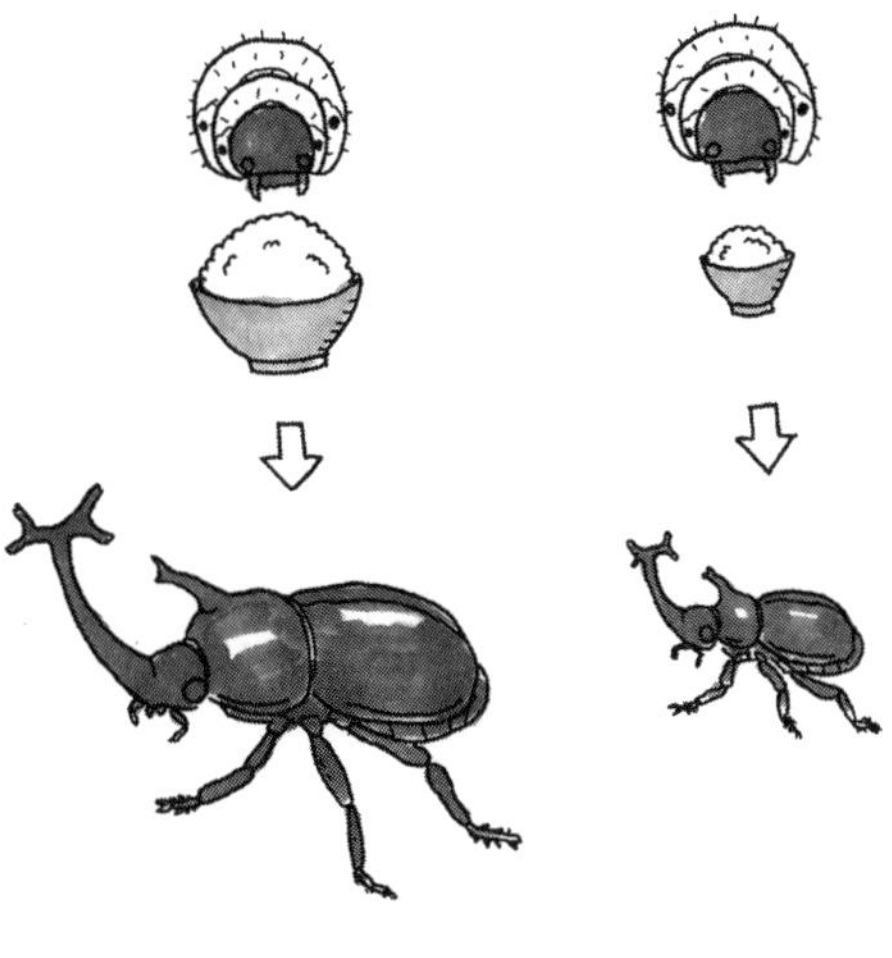

アリ

伝えたい内容

アリは、体重のおよそ3～5倍の重さのものまで、あごで挟んで持ち上げることができるといわれている。また、アリが1匹で引きずって運べる物の重さは、体重のおよそ25倍ともいわれている。

伝え方

アリはみんな（幼児：体重およそ18キログラム）でいうと、一人で大きな冷蔵庫を持ち上げたり、お相撲さん4人と綱引きをしても勝っちゃうくらい力持ちなんだよ。

対象物に注目をしてもらいたいとき、興味を持ってもらいたいときは、「どれだけワクワクするか」「本物を見てみたい、やってみたい」と思ってもらうことに重点を置き、時には擬人化したり、わかりやすいストーリーに変換して短い言葉で話をするのがポイントなのです。

とにかく一刀両断

人間は、表層の面白さよりも、さらに奥を見られたときのほうが驚きや感動が大きいものです。これは子どももまったく同じです。クレヨンに巻いてある紙をむく、閉じている蓋は片っ端から開けて中をのぞく、穴があればその中に手や棒を突っ込む

……などなど、子どもの日常の遊びからもそのことは、容易に推測することができます。見えない部分がどうなっているかを知ることは、子どもにとって世紀の大発見的面白さとなるのです。

では、自然遊びでどのように展開するのかというと、子どもの「中を見たい心」を満たしてあげるのです。たとえば、森や公園にはさまざまな実のなる木があります。はじめのほうでご紹介したように、子ども達はそれらを「集める」遊びにきっと夢中になってくれることでしょう。ドングリ、フウセンカズラ、トチノミ、クルミ、ギンナンなど、季節や場所によってさまざまな実や種を集めることができます。コレクションがたくさん集まっていくこの作業は、これだけでも一つの面白い遊びなのは間違いありません。

必殺技の使いどころはこのあとです。実や種を子ども達の前で指や爪でぱかっと割ってみましょう。固い

物などはナイフやカッター、ハサミを使って「一刀両断」するのもよいと思います。半分に切られた種や実は、外皮の中が丸見えになります。実がぎっしり詰まっているもの、スカスカに隙間があるもの、時には小さな虫の幼虫や卵が出てくるかもしれません。黒い種の中にある白い実の部分を見たときにはきっと驚きがあると思います。

種や実以外にも、植物の茎や、花のつぼみなどを一刀両断してみるのもオススメです。花のつぼみであれば、花びらの色の濃淡を見ることもできます。そしてそこには美しい自然の世界が広がっています。

半分に切られた種や実、花のつぼみなどを子ども達の前に差し出してあげると、子ども達はふだん見ることのできない「中身」をじっくり観察してくれます。そして、そのあとはもう中身を見たいさまざまなものを次々と保護者や指導者のところに持って行き、どんどん新しい世界を見つけてくれるでしょう。

ライブドローイング

あるとき、虫博士の先生が子ども達にバッタとイナゴの見分け方を紹介していました。参加した子どもは30名程度で、先生は子ども達の前にイナゴとバッタを一匹ずつ出して説明をしています。ポイントは、イナゴには口の下にのどちんこのような突起があることなのですが、直径１㎜程度のものを紹介するのに、子ども達の前に実物を１セットだけ見せても全員がはっきりと見えるわけがないですし、かといって20セット集めて話をするのも大変な作業になってしまうでしょう。本物を見せることは重要なポイントですが、１つの小さな見本では結局子ども達は虫博士が話している最中に飽きてしまって、地面にお絵かきが始まってしまいました。

私だったらどうするか？　答えは「ライブドローイングをする」です。

ライブドローイングとはどういうものかというと、名前が持つ意味そのままで「その場で絵を描く」です。事前に用意した図解を子ども達に見せるのも手法としてはあるのですが、そうではなくて〝目の前で描く〟というのがミソなのです。使う道具は「スケッチブック」

と「マジックペン」です。描くものは、マジックペンでなくても、色が鮮やかで5m先の子どもが見てもわかりやすい物であればなんでもOKです。少しずつ描き進めていくにつれて、子ども達は白いスケッチブックに集中してくれます。そして、そこに何が描かれていくのか、ワクワク、ドキドキしながら集中してお話を聞いてくれるのです。

これは、大声を出したりしないで子ども達に注目してもらいたいときにも有効です。たとえば以前、子ども達がなかなか集中できずに自然遊びが始まらなかったときのことです。私はだまってスケッチブックの中心に、米粒ほどのアリをゆっくり描き始めました。そうすると、いつのまにか子ども達が集まり、「先生何を描いているの？」「あ！アリだ！」と声を発し始め、数分後には全員が私の方を向いて次に始まる何かを楽しみに待機してくれました。

図鑑や辞書、教科書など、イラストや図があるとわかりやすいのは誰もが知っていることだと思います。自然遊びの際にもイラストや図を見せると子どもの理解度や対象物への興味がグッとあがります。そして、うまい、へたに関係なく、その場で描くことでより子どものワクワク感が高まり、集中度合いがあがるのです。時には地面に木の枝を使って大きく描きながら説明するのも面白いかもしれません。とっても簡単なのに即効性がある必殺技ですのでぜひ使ってみてください。

0・5歩先を行く

鬼ごっこをしていても、ルールが変わったり、エリアが広くなったりと、遊びを自在に発展させる能力は子どもの成長にとってとても重要です。子ども達にとって、遊びが常に発展し、変化していくことが飽きずに遊び続けられる極意ともいえるでしょう。私自身、子ども達を見ていていつも感心してしまいます。自然遊びをする際にも、この手法がとても役に立ちます。

遊びの発展には、ちょっとしたコツがあります。それは「0・5歩だけ先を行く」ことです。自然遊びを実践する方から「遊びを展開しても子どもが乗ってくれない」「いろいろな遊びを提案してもキョトンとしたまま」といった声をよく聞きます。これらは子ども達の先を行き過ぎた提案をしてしまっているためなのです。

1歩、2歩先に行くと、子ども達は変化を想像しきれない、ついていけない、ストーリー性がわからないので、新しい遊びに気持ちが入れられないのです。

これは、まったくもって指導者の一人よがりです。

今、目の前で起きている遊びから大きく道をはずさず、少しずつ先を見せるというのが、子どもにとってちょうどよいのです。例をあげますので参考にしてください。

〈シチュエーション〉

子どもが木の根っこのまわりで虫探しをしています。親や指導者は、次に水辺の生きものを見せてあげようと思っている。

ダメな例

すぐに水辺の生きものを探しに行こうと声をかける。

よい例

どんな虫が木のまわりにいたのかを聞く。

木にとまっている生きものを探してみる。

さらに、木にある穴の中をのぞいて、今見つけた生きもの以外の生きものを一緒に探してみる。

次に、水辺の生きものも探しに行こうと促す。

いきなり発展しすぎた遊びを提案しても、子どもの気持ちはすぐに切り替わりません。このように少しずつ小さな変化を重ねてから新しい世界へ移行できるようなステップを追うことが大切なのです。

紹介したのは本当にちょっとした工夫ですぐに使える「必殺技」です。ヒーローが使う必殺技よりも優れているのは、特殊技能がいらないことと、最後の最後に1回だけ使うのではなくて、常に使い続けても効果があることです。さまざまなタイミングで使ってみてください。きっと家庭や保育の現場でも役に立つと思います。

気をつけていただきたいのは、これらはあくまでも子どもの心をつかむための必殺技だということです。自分が主役になるためのものではありません。大人が目立つためではなく、子どもが楽しめて、驚きや学びがある自然遊びを展開する上でのきっかけづくりであることを忘れないようにしましょう。

nature education for children

第4章 身近な自然や公園で自然遊びをするためのヒント

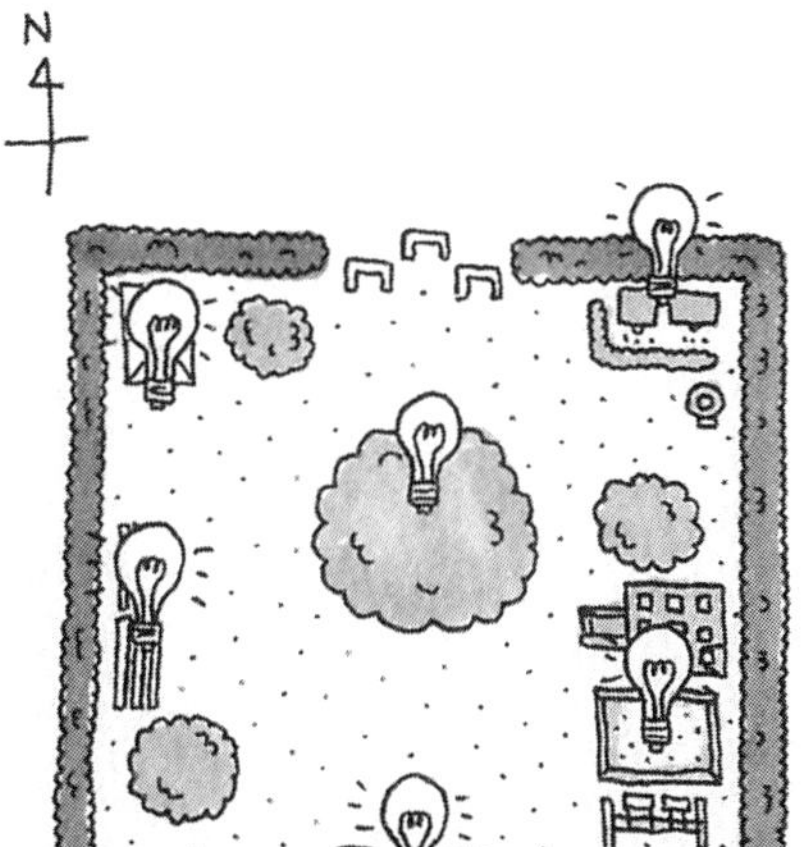

前章までで、自然遊びをする際の技術や振る舞い方などをいろいろ紹介させていただきました。さて、では実際にどこで自然遊びをするのか？　というのが気になるところだと思います。自然遊びをする場所は、雑木林や原生林、海、山、川といった特別な場所でないとできないという印象がありますが、そんなことは一切ありません。たとえば、ビジネスの中心地である東京・丸の内のビル街でも昆虫や野鳥、草花に出会うことができます。また、ファッションや音楽の流行発信地である渋谷でも、実は野イチゴや、食べられる野草が見つけられたりします。つまりは、自然が少しでもある場所であれば、どこでも自然遊びができてしまうのです。

この章では、子ども達が遊ぶ場所としてもっとも利用する遊び場「公園」をテーマに、自然の特徴や具体的な自然遊びの方法を紹介したいと思います。これさえわかれば、いつでもどこでも自然遊びを楽しむことができるでしょう。

どんな公園でも自然遊びはできる！　身近な公園の特徴

〝公園〟と一口にいっても「国立公園」「国定公園」「県・都・府・道営公園」からはじまり、身近なところでも「運動公園」「緑地公園」……と、さまざまな種類の公園があります。

ここでいう公園は、国立公園のように自然度が高い場所でも緑豊かな緑地公園でもなく、住宅地の中にあるごく普通の「身近な公園」をテーマにします。

「身近な公園」のイメージとしては、一般的に「街区公園」とか「近隣公園」といった名前で種別されている、居住地から歩いてすぐの場所にあり、広さはだいたい50×50ｍ～100×200ｍ程度の小さな公園です。よく「三角公園」や「ジャングルジム公園」、「桜公園」などと地元の人が愛称を付けて呼ぶ公園のイメージといえば、なじみがあると思います。以降「公園」と記載されている場合は、そのような公園だと思って読み進めてください。

「The公園」のフォーマット

公園は、平らな地面をベースに「生け垣」「背が高い木」「倉庫」「遊具」「ベンチ」「水道」「トイレ」の7つの要素でできているところがほとんどです。これが公園のフォーマットになっていて、そこに地域の要望や行政の目的などが取り込まれて公園ができています。パッと見た感じでは遊具があるだけで自然度が低い感じがしますが、実はこの7つの要素のほとんどに〝自然ポイント〟が隠されており、それらを理解できるようになると公園での自然遊びがより充実します。実際にそれぞれの場所のどこに注目したらいいのか、またどんな自然があるのかを紹介しましょう。

ぐるりと一周自然の宝庫「生け垣」

公園の敷地をぐるりと囲む低木や植物。「この中が公園です」とわかりやすく示しているような生け垣は、自然遊びの〝メインフィールド〟といっても過言ではありません。生け垣の下には当然土があり、時期によっては小さな草花が生えていることがあります。また、場所によっては芝生が敷かれていることも多々あります。生け垣によく使われるのは、つやつやの小さな葉っぱが1年中ついている常緑樹です。

ここは生きもの天国で、樹木の中にはクモ、地面にはアリが必ずいるでしょ

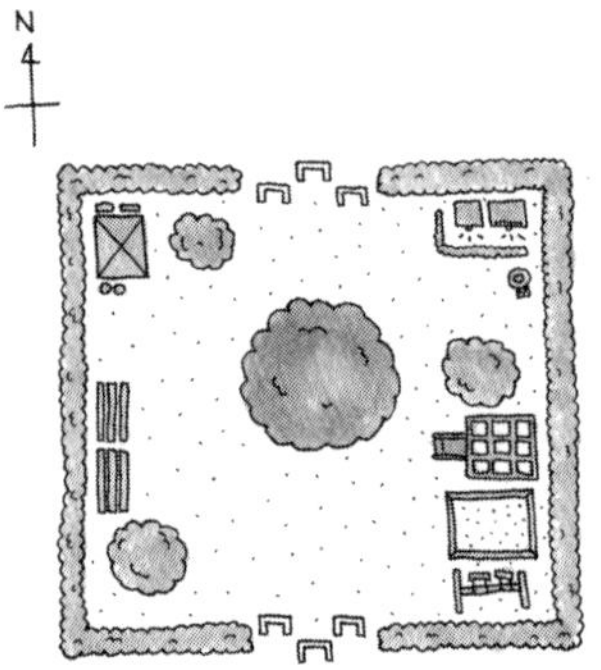

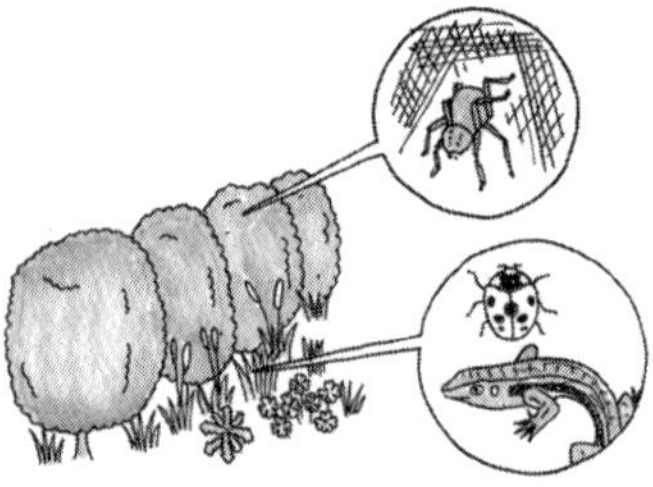

う。チョウやカマキリなどに出会うチャンスもあります。また、樹木の下の草花は〝植えられたもの〟というよりも〝勝手に生えてきてしまった〟といった感じのものが多く、タンポポ、ネコジャラシ、シロツメクサなどを観察できます。それらが生えている場所には、テントウムシ、コガネムシの仲間など小さな虫が必ずいます。そしてチョロチョロッと植物の隙間を駆け巡る茶色いトカゲ「カナヘビ」にも遭遇するかもしれません。

存在感と安心感「背が高い木」

公園の生け垣の近く、または公園の真ん中などには高木が植えられています。公園のシンボルツリーになっていたり、日陰を作るために植えられていたりと、存在感があります。よく使われる木にサクラがあります。また、クスやコナラなどの〝ドングリ〟ができる木、イチョウやモミジ、ケヤキなども季節を楽しめることから植栽されることが多いです。

高木にはスズメを筆頭にさまざまな鳥が集まり、夏になるとセミがとまります。木の幹をよく見てみると、イラガなどガの繭なども見つけることができます。また、大木は木の皮「樹皮」の形もさまざまで面白いものが多いです。

生きものの集合住宅「倉庫」

最近の公園は、防災の観点から備蓄品や救助用品などを保管する倉庫が置かれています。場所は邪魔にならない公園の北側の端のほうというのが一般的です。ただの〝人が置いた倉庫〟と思うことなかれ。こういった場所にも自然遊びポイントがたくさんあります。

倉庫の横に置かれているブロックや丸石をどかせば必ずいるのがダンゴムシ。ミミズなんかにも出会えます。そして、運がよければ地面と倉庫の壁の際のところにジグモやアリジゴクなどがいることもあります。

倉庫に限らず、建物がある場所は昆虫や植物にとって住みやすい環境である場合があるのです。

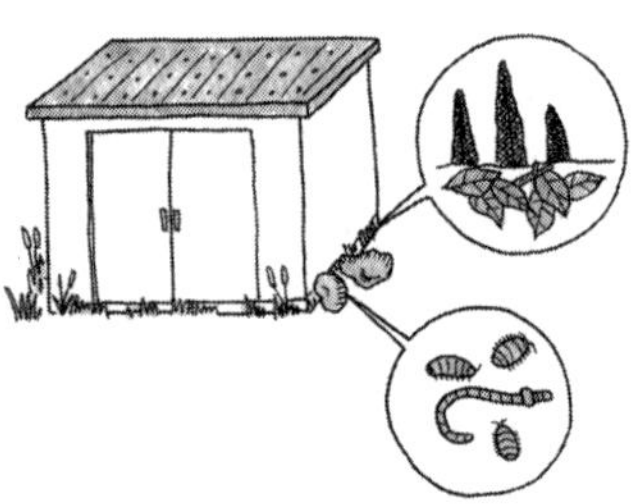

近寄るべからずとは言いません「遊具」

公園にはジャングルジム、揺れる木馬、ブランコ、滑り台、砂場など、子どもが遊ぶための道具がいくつか置かれています。これらは、規模によって置かれている種類や数が変わってきます。

ここは、自然遊び的には一番近寄らない場所かもしれません。常に子ども達が遊んでいるので、地面が土だとしても固くなっていたり、生えている草などもたいがいがつぶれてなくなっているため、生きもの率、面白い植物率がかなり低くなります。もちろん、遊具で遊ぶのも子どもにとっては楽しい時間ですので、無理やり避ける必要はありません。

小さな生きものの隠れ家「ベンチ」

老若男女の憩いの場所でもある公園には、小さなベンチが置いてあることが多いものです。このベンチが実は〝くせ者〟なのです。自然遊びをする人にとって、ベンチは〝座るもの〟ではなくて〝のぞくもの〟だからです。ベンチの下は、植物や虫にとっては人間や雨風から身を守るためのセーフティーゾーンとでもいいましょうか、ときどき草が生えていたり、座面の裏側には何かのサナギがとまっていることがあります。運がいいと、羽を休めるチョウに出会えることもあります。

生きもの、植物のオアシス「水道」

たいがいの公園には、人間が飲んだり、水鉄砲に水を入れたり、愛犬に水をあげたり、手を洗ったりといった利用のためのほかに、防災の観点からも水道が設置されています。飲み水専用の水が上に出るタイプは公園の中心にある場合もありますが、多くが公園の端に設置されています。地面がアスファルトなどで完全にふさがれていない限り、人が水を使うことで水道のまわり30㎝くらいはいつも水で濡れ湿っていたり、時には水たまりができていたりします。

この湿り気や水たまりが、生きものや植物にとってありがたい存在なのです。この水気がある場所には、ダンゴムシやアリが集まったり、小さな草が生えています。時にはチョウが水を飲んでいる姿に出会えるかもしれません。

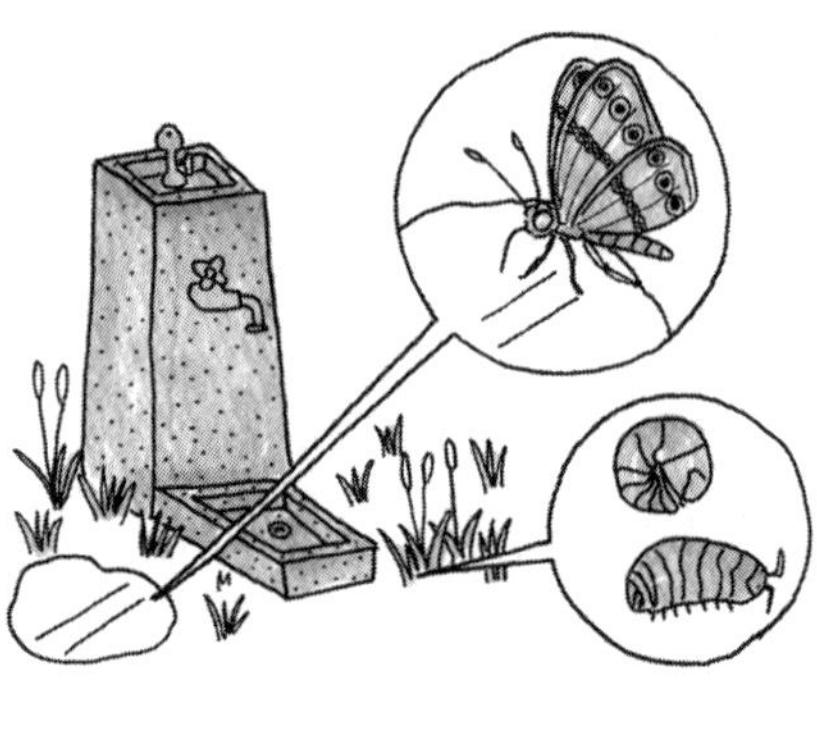

栄養満点？ 照明バッチリ？ 「トイレ」

トイレは、公園によって設置されていたり、設置されていなかったりします。最近は、トイレ内で泊まったり、深夜にいたずらをされないようにと、ある時間帯は鍵がかけられている場合がありますが、たいがいは誰もが使えるオープンな場所として開放されています。もしもトイレがある場合は、ぜひ自然遊びのフィールドにしたい場所です。

トイレで自然遊び？　と、きっと頭にクエスチョンマークがたくさん出てくる方もいると思いますが、ここがまたとっても楽しい場所なのです。古い公園であれば、トイレのまわりは栄養満点なのか、小さな植物がたくさん生えています。また、そういった場所には、コオロギやカマドウマなどのぴょんぴょん跳ねる昆虫と出会えることがあります。また、暗くなると電気がつくトイレでは、ガやコガネムシなど、いろいろな虫が明るい場所に集まってくるので、夕方から夜にかけての自然遊びのメイン会場になったりもします。

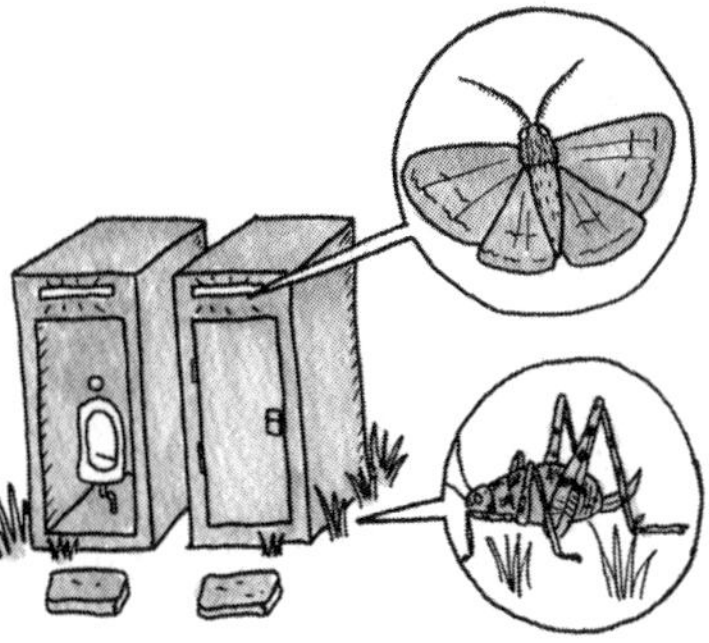

これらが一般的な公園の特徴です。「うちの近所の公園には自然がない」というのはウソです。小さな普通の公園でも、見方を知って、ポイントを押さえれば面白い場所がたくさんあるのです。次の項からこういった公園でどのような自然と出会え、ど

のような遊びができるのか、生きもの、草花、樹木などを春、夏、秋、冬の四季を追ってご紹介します。

日本に存在する生きもの、草花、樹木は無数にあるので、ここでは公園で見つけられる、見分けやすい代表的なものを選びました。きっとどなたでも見つけて遊んでいただけるのではないかと思います。

春の公園

春の公園は、気候も穏やかで心地よいので、子どもが自然をゆっくりと感じるには最高の時期です。

きれいな音色で鳴く鳥たち、ビビッドな色で目を楽しませてくれる花たち、そしてゆっくりと活動を始める生きものたち……。生命が生まれ出す自然界は、子どもにとってきっとやさしく、そして刺激的な時間を与えてくれるでしょう。

さて、人も自然も新学期のこの時期の公園では、どんな生きもの、草花、樹木に出会えるでしょうか？

出会える草花や樹木

【タンポポ】

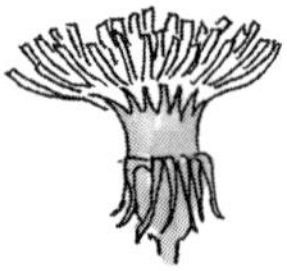

↑ヨーロッパ産

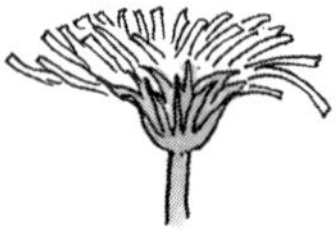

↑日本原産

タンポポは、子ども達にとって「花」の代表選手といっても過言ではありません。タンポポ自体は1年中見ることができますが、黄色いきれいな花が咲いているのは春だけです。

タンポポと一口にいっても、実はいろいろな種類があります。大きく分けると2種類で、日本原産のものと、ヨーロッパ原産のものです。見分け方はとても簡単で、花の根元にある緑の細い葉っぱのような部分(外総苞片＝ガイソウホウヘンといいます)が、そっくり返っているものがヨーロッパ産で、閉じたような形になっているのが日本原産です。

遊び方

[タンポポ摘み]

タンポポ摘みはあらゆる年代の子ども達が楽しめる遊びですが、1～2歳児にとってはとくに楽しい遊びです。タンポポの茎はほかの花にくらべて太めなのでつかみやすく、またストロー状になっている茎のちぎれる感触が心地よいようです。「プチッ」というタンポポを摘むときの独特の感触を味わったら、もう止まりません。

この遊びは、春まだ早い時期でタンポポがつぼみの時でも楽しむことができます。

集める・並べるからの展開

花の部分だけたくさん摘んで集めたり、並べたりするのも子ども達に人気の遊びです。タンポポの花は、ほかの花とくらべて花びらがすぐに取れないので長く遊べるのが特徴です。

女の子は集めたタンポポの花で○○ごっこや、髪飾りのようなまねごと遊びを始めます。

男の子には花の投げっこが大人気。ほどよい重さがあるのでしっかり飛んでくれますし、当たってもたいして痛くないため、思いきり遊べるのが人気の理由のようです。投げっこ遊びは地面に四角い枠を引き、タンポポが当たったら枠の外に出るといったルールのチーム戦にしても楽しいです。

【シロツメクサ】

シロツメクサは、クローバーともいわれているマメ科の植物です。地面から生えている小さな三つ葉の葉っぱの植物といえば、誰もが知っている植物だと思います。小さな白い玉状の花は、公園の草地で見られる春ならではの光景です。

シロツメクサは、その名前に面白い由来があります。江戸時代に、オランダからガラス製品を運ぶときに、今でいうプチプチのような緩衝材のかわりとして箱に詰められていたそうです。「白い詰められている草」からシロツメクサとなったといわれています。

遊び方

［四つ葉のクローバー探し］

大人になっても楽しいクローバーの代表的な遊び方といえば「四つ葉のクローバー探し」です。昔から四つ葉のクローバーを見つけると「願いが叶う」とか「幸運がある」とかいわれています。が、なかなか見つからない「レアなもの」ですので、見つけるためのモチベーションは通常の花摘みや葉っぱ摘みの数十倍にもふくらみます。

四つ葉のクローバーを見つけたら、ぜひ押し花にしてみてください。やり方はとっても簡単です。

押し花の作り方

1 葉っぱをきれいに広げる。

2 ティッシュ２枚で挟む。

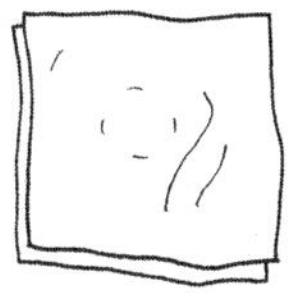

3 単行本などの上にティッシュで挟んだ四つ葉のクローバーを乗せ、その上に5～6冊本を置き、重石にする。

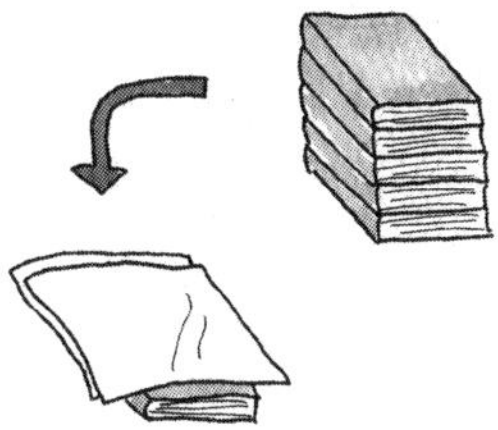

4 この状態で保管して、乾燥したら完成。

［アクセサリーづくり］

４～５歳の子ども達、とくに女の子に人気なのがこの遊びです。代表的なものとしては指輪と冠で、コツを覚えた女の子達は1日中この遊びに没頭します。比較的多くの子ども達が挑戦できる指輪の作り方を紹介しましょう。

〔指輪づくり〕

白い花を大きな宝石に見立てた指輪は、比較的簡単に作れます。作り方を覚えると、子ども達は花の形や色の白さにこだわり始めたり、利き手とは逆の手にたくさんつけたりします。たくさん作る、きれいな〝宝石〟を選別するなどの遊びが多様に展開されるのが面白いところです。

指輪の作り方

1　シロツメクサの花の部分を上にして指で挟む。

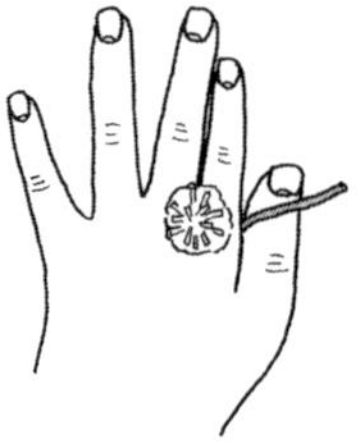

2　茎の部分を指のまわりに回して花の根元で折り返して引っ張る。

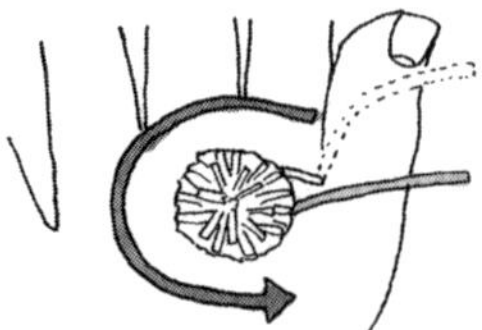

3　折り返した茎を、指に巻かれた茎に何回か回し入れたら完成。

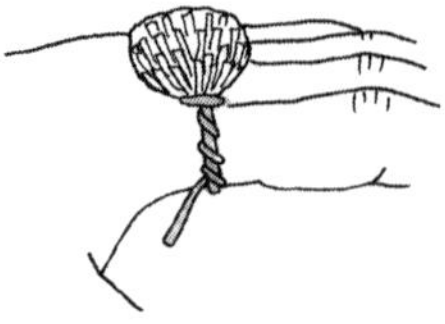

春
夏
秋
冬

【サクラ】

季節を感じる春の樹木の日本代表選手が桜です。桜には「オオシマザクラ」や「ヤマザクラ」などいろいろな種類がありますが、公園内は「ソメイヨシノ」が多いです。チアリーダーのボンボンのように、花は木の枝をぐるりと一周覆ってしまうのが特徴です。

ピンクの花びらはご存じのように老若男女がうっとりする美しさで、代表的な遊び方と言えば、桜の木の下でお弁当を食べたりするお花見です。子どもと一緒にお花見をするだけでも素敵な自然体験ですね。

遊び方

【桜のシャワー】

お花見の時期が過ぎたころが、子どもと遊ぶのに最適なタイミングです。落ちたての桜の花びらは、たいがい風で公園の数カ所にまとまって溜まっています。この桜をつかんで頭上に上げ、放します。ただこれだけなのですが、ヒラヒラと落ちる花びらはとてもきれいで、１歳児はそれを見たり真似するのが楽しく、それ以上の年齢の子どもは自分達でたくさん空に舞い上げて遊びます。

【カタバミ】

カタバミは、公園の芝生やお家の庭などで気軽に出会える植物の一つです。名前の由来は、夜になると葉の中央から折り畳んだような状態になる「就眠運動」をするのですが、この姿が葉の片側が食べられた（片方を食《は》む）ように見えるからとも言われています。

葉っぱだけしか無い時期ではシロツメクサに似ていますが、春であれば、黄色い小さな花が目印なのですぐにわかります。子どもが公園で摘んでくる〝小さな黄色い花〟といえば、たいがいこの花のような気がします。

春から咲き始める黄色い花は、だいたい秋くらいまで楽しめますので、春にこの花を好きになれば、しばらく遊ぶことができるのもよいところです。姿形がほとんど同じで花の色が紫色のものもあり、これは「ムラサキカタバミ」というカタバミの親戚です。

遊び方

【カタバミ相撲】

指先の繊細さとダイナミックさの両方が必要なカタバミ相撲は、2人で遊ぶことができます。この遊びは、勝負のために細かい作業を何度もする必要があるので5～6歳の子どもの指先の訓練に最適です。

保育園や幼稚園などではトーナメント戦にして、クラスで誰が一番強いかを競ってもよいかもしれません。昔からある遊び方ですが、どの時代でも白熱すること間違いなしです。

カタバミ相撲の遊び方

1　カタバミを抜いたら、茎の下のほうを折って、そっと葉のほうへむいていく。そうすると、糸状の芯が出てきて葉とつながる。

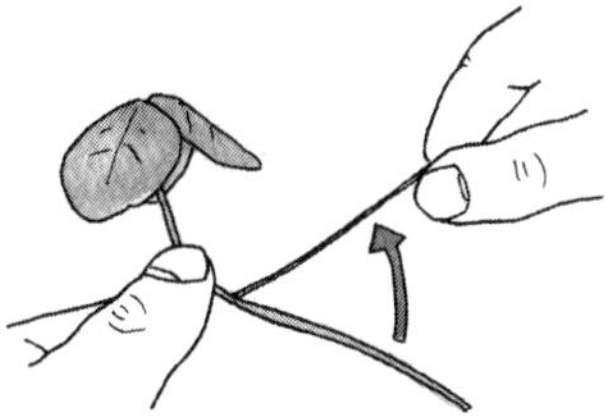

2　葉を下にして、細い芯を持ち、葉のほうを相手とからめる。

3　引っ張り合って葉が落ちたほうが負け。

【ヘビイチゴ】

「あ！　イチゴだ！」と、子ども達が嬉しそうに摘んでくるイチゴの50％くらいがこの〝ヘビイチゴ〟です。ヘビイチゴは黄色い花を咲かせ、美味しそうな赤い実を地面一杯に実らせます。この実は、一見、赤い一つの実のように見えますが、よく見ると球状の果実に小さな赤い粒が一面についているのが特徴です。

イチゴと同じバラ科なのですが、残念ながら食べてもおいしくありません。ですので、「ヘビしか食べないイチゴ」から、ヘビイチゴになったというのが諸説ある名前の由来の一つです。説明だけではどのくらいおいしくないのかはわかりません。実際に少しだけかじって試してみてもよいかもしれません。

遊び方

[おままごと]

ヘビイチゴは、色と形がかわいいこともあって、女の子のおままごと遊びの道具として大人気です。時期になると一面にヘビイチゴができるので、たくさん集めて葉っぱの器に並べたり、木の枝にたくさん刺して

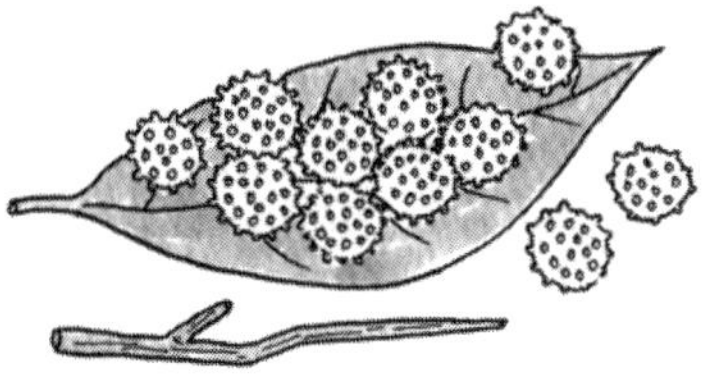

並べたりと、遊び方は自由自在です。

赤くて小さな可愛い容姿と、決しておいしくないものの、本当にかじっても大丈夫なのがおままごと気分を最高に高めてくれるようです。

※たくさん摂取するとおなかをこわすことがあります。あくまでもかじるのは少量にしましょう。

［つぶす］

赤い実は、１歳児くらいの子どもでも自分の指や手の力でつぶすことができるので、たくさん集めてひたすらつぶす……という遊びも人気です。画用紙や石などにこすりだしてみたり、石と石でつぶしてみたりと、その感触と作業は人気の遊びです。

保護者の方が心配されるほどは色がつかないので、子どもの気が済むまで、安心してつぶすことができます。

出会える生きもの

【アリ】

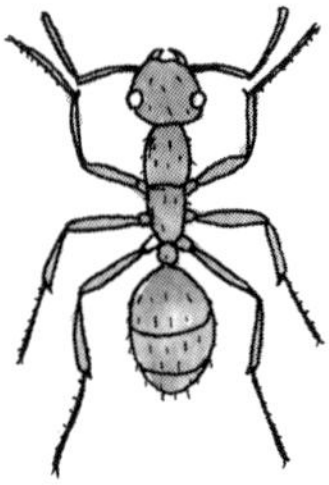

〝アリ〟と一口に言っても、実は世界には1万種類以上のアリがいると言われています。日本にも200種類以上のアリがいるとされていて、公園でも2~3種類は見つけることができるかもしれません。

通常よく見るアリは、「トビイロケアリ」といって、体長が4㎜程度の大きさです。アリは通年見られる生きものですが、春は比較的活発に活動をしているので、アリのさまざまな生態を見るのに最適です。

遊び方

［観察］

列をなして歩く姿、大きな食べ物を大アゴで運ぶ姿、そして穴から出入りする姿など、アリの生態は子ども達を虜にします。1~2歳は肉眼で、時にハイハイをしながらあとを追うことがあります。3~6歳児の観察は虫眼鏡を使うことです。小さい生きものの代名詞とも言えるアリを大きく見られる面白さは、何とも言えない感動があります。

チョウチョ

【モンキチョウ】

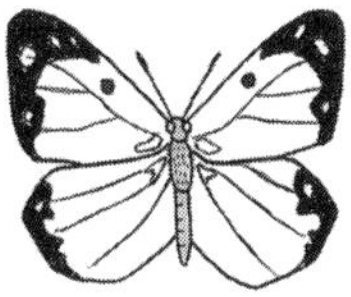

【ルリシジミ】

春から夏にかけて、この時期はたくさんのチョウチョに出会えます。ヒラヒラと飛ぶチョウチョは、1～2歳の子どもでも目で追いやすく、楽しめる生きものです。

羽を広げた大きさが5㎝くらいで、黄色い色が特徴のチョウチョ。幼虫はマメ科の植物を食べて、成虫になったら同じマメ科の花の蜜を好んで吸いにきます。公園では、シロツメクサの近くをヒラヒラと飛んでいることが多いです。

羽を広げた大きさが3㎝くらいの小さなチョウチョ。鮮やかなるり色（少し紫がかった鮮やかな青）が特徴。公園では、タンポポの花に集まります。

以上の2種類がすぐに見分けができる代表的なチョウチョですが、そのほかにもアゲハチョウや、アゲハチョウよりも黄色いキアゲハなども公園では見られることがあります。

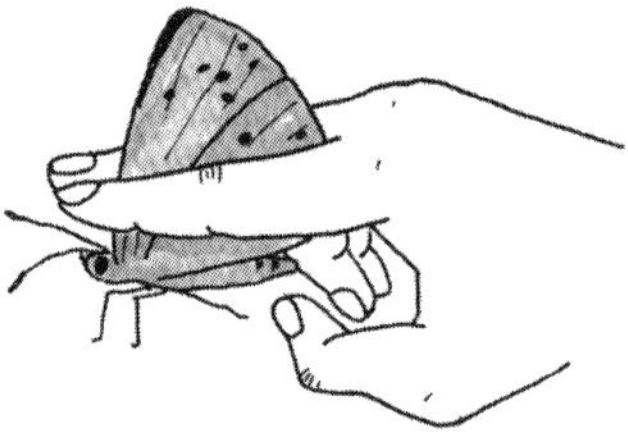

遊び方

[チョウチョとり]

なんといってもチョウチョは捕獲するのが面白いです。捕虫網でチョウチョを捕まえた時の達成感は、子どもの顔を一気に生き生きとしたものに変えてくれます。コツは、ギリギリまで静かに、ゆっくり捕虫網をチョウチョの近くまで近づけることです。捕虫網を大きく振り回すだけでは、飛んでいるチョウチョも、とまっているチョウチョもなかなか捕まえることができません。

[チョウチョのつかみ方]

チョウチョに限らず、トンボなど羽が大きな昆虫をつかむコツは、じゃんけんの「チョキ」です。チョキの間に大きな羽をそっと挟んで持つと、チョウチョに傷がつかないので逃がした時も元気に飛んでいきます。

あまり強く挟みすぎると羽が傷んでしまうので、力加減を教えてあげましょう。

春
夏
秋
冬

【テントウムシ】

テントウムシは、その姿のかわいらしさから子ども達に大人気の昆虫です。テントウムシにもたくさんの種類がありますが、よく見る７つの水玉模様があるのは「ナナホシテントウ」です。そのほかに公園でよく見られる黒字に赤の水玉二つや四つのテントウムシ、赤い身体に模様なし、ちょっと変わった模様のものなどは、総じて「ナミテントウ」という種類になります。このナミテントウは、実に１００種類以上の模様があるそうで、とってもオシャレなテントウムシです。

遊び方

[テントウムシ競争]

テントウムシは、お天道様（太陽）に向かって進むことから名づけられたと言われるくらいなので、たいがいのテントウムシは木の枝などに乗せると上へ上へと進みます。この性質を利用してテントウムシの競争をします。エントリーは何人でもＯＫで、まずは全員同じ長さに調節をした木の枝を用意します。スタートの合図でテントウムシを木の枝の下にくっつけ、あとは一番上まで登って一番早く飛び立ったら、勝ちです。

【トカゲ】

草が生えているあたりでチョロチョロと動く生きものがいたら、きっとトカゲでしょう。一般的に身体が茶色の皆さんが「トカゲ」と呼んでいるのは、「ニホンカナヘビ」という名前の生きもので、つやつやの身体で、きれいな色をしているのが「ニホントカゲ」という名前の生きものです。

トカゲは小さな虫を食べるため、食べ物のたくさんあるこの時期はよく見かけることができます。

遊び方

［催眠術］

「トカゲに催眠術をかける」と聞くとワクワクしませんか？　これは、子どもが絶対にワクワクする遊びです。子どもには口頭で説明してもわからないことが多いので、まずは保護者や指導者が実際に目の前でやって見せてあげるといいでしょう。

観察と遊びが終わった後、草原に戻してあげるとちゃんと復活しますのでご安心ください。

催眠術のかけ方

1 トカゲを手のひらの上にのせる。

2 反対の手で蓋をして、トカゲが少しおとなしくなるのを待つ。この時、トカゲが平らになっていることと、頭と身体がちゃんと手の中に入っていることが大切です。

3 蓋をしたまま、手の上下を入れ替えて、10〜20秒ほど待つ。この時、トカゲの上下が変わります（あおむけになっている）。

4 おとなしくなったら、そっと手を開く。そうすると、上下がわからなくなっているのか、トカゲがあおむけで降参ポーズをしたまましばらく動かない状態になります。

【メジロ】

サクラやウメ、ツバキの花の蜜が大好物なので、その木がある公園であればきっと出会える野鳥が「メジロ」です。メジロは見分けが簡単な鳥で、きれいな黄緑色の体で、目のまわりが一周白い鳥がいたらほぼメジロです。鳴き声はピチューピチューととってもかわいいさえずりをします。

遊び方

［聞く・真似する］

メジロのほかにも公園によってはシジュウカラ、キジバト、ジョウビタキなどの野鳥に出会えることもあります。鳥の世界は奥深いので、子どもがそうしたいと思わない限り、無理に名前を覚える必要はありません。春だからこそ聞くことができる鳥達のきれいなさえずりを、子ども達と体験してみてください。

遊び方は簡単です。1～2歳は、鳴き声が聞こえたらどこにいるのかを一緒に探してみましょう。目視できると、子どもはとっても喜びます。4～5歳になると、いろいろな音を聞き分けるのが上手になります。

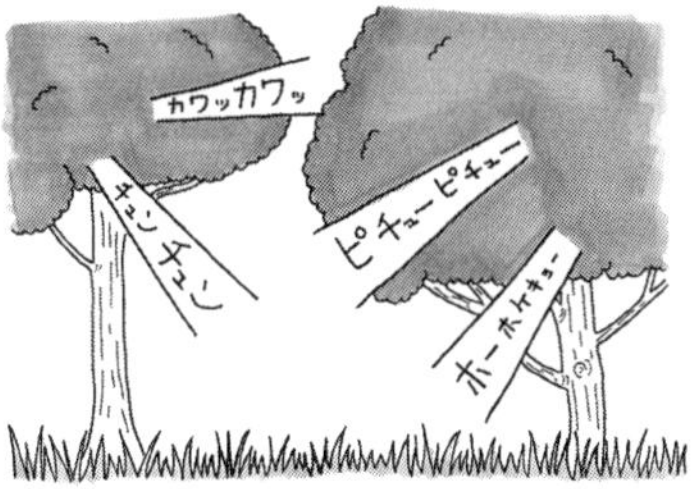

落ち着けるところに座り、30秒ほど目を閉じて、音だけに集中します。そうすると、たくさんの鳥のさえずりをキャッチすることができます。さえずりをキャッチしたら、気に入った鳥のさえずりを真似してみます。真似た鳴き声が鳥に届いたのかどうかはわかりませんが、ときどき鳥が鳴き返してくれることもあります。

身近なところでは、くちばしが太くて下に曲がっている「ハシブトガラス」と、くちばしが細くてまっすぐな「ハシボソガラス」の鳴き声を聞き分けてみるのも面白いかもしれません。

ここで紹介したのは、春に出会える生きものや草花、樹木のほんの一部です。命が芽吹く春は、もっとたくさんの自然に出会えると思います。見た目が違う場合でも、紹介した遊び方を応用すればきっと春の自然を無限に楽しめるはずです。

夏の公園

夏の公園は、迫力がある生きものでいっぱいです。どんな小さな公園でも、大音量で鳴くセミ、ぴょんぴょん跳びはねるバッタ、「シャーッ」と鎌を振り上げるカマキリなどが目の前に次々と現れます。ですから、子ども達は1年で一番ワイルドな自然と触れ合うことができます。春の公園の自然でたっぷり遊んだ子ども達でしたら、出会えるすべての生きものに興奮すること間違いなしです。

この時期はたくさんの植物にも出会えますが、夏こそ出会ってほしい生きものがたくさんいますので、ちょっぴり生きもの寄りでご紹介します。

出会える草花や樹木

【エノコログサ】

「エノコログサ」という名前を聞くとなじみがないかもしれませんが、「ネコジャラシ」と聞けば、誰もが知っている草だと思います。

イネ科のエノコログサの特徴は、犬のしっぽのようなフサフサした、まさに稲穂のような部分です。風に揺れると子犬（犬子＝エノコ）がしっぽを振る姿に見えることが、「エノコログサ」の名前の由来です。また、ネコをじゃらす時にも使えることから、「ネコジャラシ」という別名もつきました。年中見られる植物ではありますが、この時期が遊び時です。

遊び方

［ケムシニョキニョキ］

エノコログサのフサフサした部分を茎から取ります。取ったら上下逆にしてグーの手の形で持ちます。あとは力加減を調整しながら軽くギュッギュッと握ったり緩めたりするだけ。そうすると、エノコログサがニョキニョキと上に出てきます。

出会える生きもの

セミ

日本の夏の生きものと言えば、セミは必ずベスト3に入ると思います。土の中に6〜8年幼虫の状態で過ごし、夏になると繁殖のために成虫になって地上に現れます。地上に出てからは短い命を謳歌するかのようにエネルギーに満ちあふれた声で鳴くセミ。日本にはおよそ30種類のセミがいますが、公園で比較的見つけやすいセミをいくつかご紹介します。

【ニイニイゼミ】

セミ界の中でも公園にいち早く登場するのがニイニイゼミです。透明の羽にまだら模様が入っているのが特徴。またほかのセミと違い、抜け殻に、たいがい全体に泥がついたような汚れがあるのですぐに見分けがつきます。6月の終わりあたりから、ジーーーーーーーーッと長い声で鳴きます。全長は3〜4㎝くらい。

【ツクツクボウシ】

7月ころから鳴き始めるのは、ツクツクボウシです。ジ〜ッという序章から始まり、オーシーツクツク、オーシーツクツクと鳴きます。鳴き

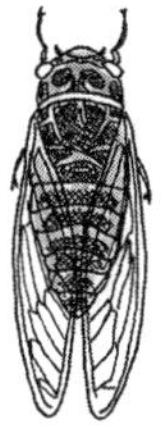

方が面白く、序章の「ジ～」が長かったり、鳴き終わりに変な余韻があったりとコミカルです。セミの見分けができなくても、鳴き方が特徴的なので鳴き声で識別しやすいセミです。全長は４～５㎝くらい。

【ミンミンゼミ】

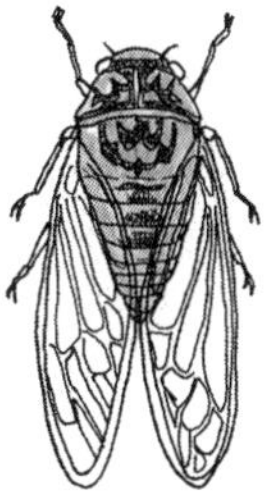

７月の終わりころから鳴き始めるのがミンミンゼミです。小学校で言えば、夏休みが始まるころから鳴き始めるので、一般的にも夏のセミの代名詞的なイメージが強いです。緑色がかった体の色が特徴で、ミーンミンミンミンミンミーンと鳴きます。夜も鳴いている印象があり、寝苦しい夜の声の代名詞にもなっています。全長は５～６㎝くらい。

【アブラゼミ】

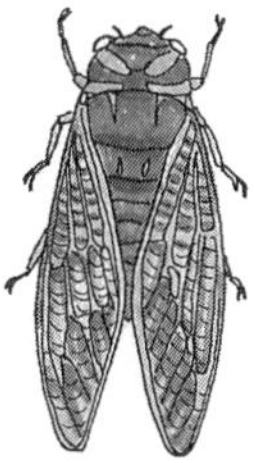

７月中旬くらいから鳴き始めるのはアブラゼミ。日本のセミの中で唯一羽が茶色いセミなので、見分けるのは簡単です。このセミは、公園の木にとまっているだけではなく、家の壁などにもよくとまっています。ジリジリジリジリジリと油で揚げ物をしている時のような鳴き声がするのでアブラゼミとなったとも言われています。全長は５～６㎝くらい。

遊び方

[持ってみる]

セミを捕獲できたら、子ども達には、ぜひ自分の手で持ってもらいたい。そうすることで、いろいろなセミの違いを実感できますし、じっくり観察できます。何よりも自分で持つことで、セミとより近い関係になれます。

セミは鳴き声が大きいのと、よく暴れるのでちょっと怖い気がしますが、凶暴な昆虫ではありません。次の手順で持てば、暴れるセミが傷つかず、観察しやすくなります。

1 セミを捕獲したら、網ごと上からそっと押さえる。

2 網の中に手を入れて、背中から羽の付け根あたりを羽ごとそっと親指と人差し指で押さえる。

[抜け殻探し]

セミを含め、まだ虫が苦手という子どもには、動かなくて鳴かないセミの抜け殻で遊ぶのがオススメです。セミの抜け殻は、夏の時期、セミが鳴いている公園であれば必ず見つけることができます。

セミの抜け殻を見つけるコツは、地面を注意深く見ることです。脱皮の

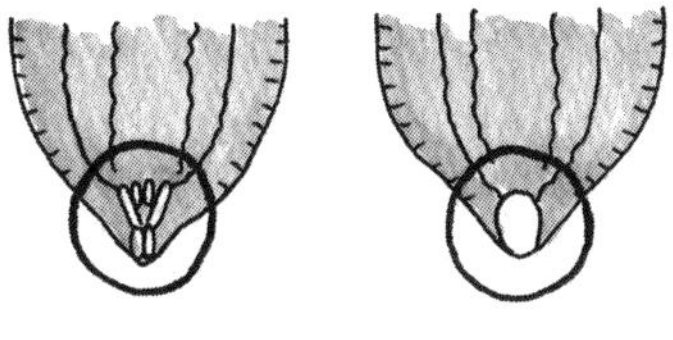

時期になると地面から出てきて、一番近い木などつかまりやすい場所に登り脱皮を始めます。地面に1円玉よりも一まわり小さい穴がいくつか空いている場所を探すと、その近辺にはセミの抜け殻が必ずあるはずです。

【抜け殻バッチ】

抜け殻を見つけたら、〝抜け殻バッチ〟にしてみましょう。抜け殻はパリパリに硬くなっているので、前足のツメを洋服に引っかけることができます。一番きれいなものをバッチにするもよし、たくさんくっつけるもよし、あとは子どもの感性のおもむくままにどうぞ。

【抜け殻を見分ける】

5〜6歳くらいになると、何かを見分けたり区別する作業が好きになります。セミの抜け殻から何ゼミかを見分けるのは至難の業ですが、セミの抜け殻からオスメスを見分けるのはとっても簡単です。上の図を参考に挑戦してみてください。

抜け殻をいくつか集め、おしりの部分をおなか側から見ると、産卵管になる部分があるのとないのが必ずわかります。

産卵管になる部分があるのがメスで、ないのがオスです。

バッタ

夏、とくに秋が近づき始めたころ、公園の草地部分に足を入れてガサガサするとぴょんぴょん跳ねる生きものがたくさん出始めます。これらはバッタの仲間達です。

日本にバッタの仲間は１５０種類以上いると言われていますが、公園でよく見るバッタは数種類です。

どれも特徴があるものばかりですので、見つけるだけでも楽しい自然遊びができます。公園でよく見られるバッタをいくつか紹介しましょう。

【ショウリョウバッタ】

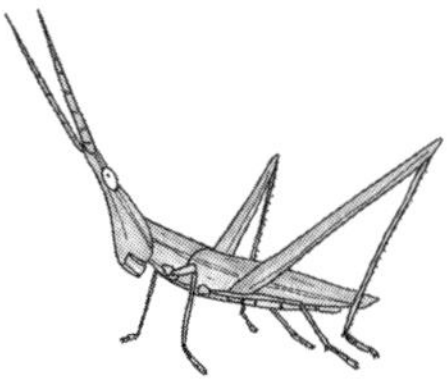

とんがり頭と平たく長い触覚が特徴的なバッタ。全長は４〜８㎝くらいで、オスよりもメスのほうが身体が大きい。ジャンプをするための後ろ足がとっても長いのも特徴的です。ショウリョウバッタはバッタ界の王様と呼ばれるくらい大きく、中でもサイズの大きなものは子どもの手よりも大きなものがあり、少々驚くほどの大きさです。

【オンブバッタ】

よく見るのが、大きなメスが小さなオスをオンブしたまま草むらにいる姿です。その姿からオンブバッタと名前がついたと言われています。

この状態だと見分けが簡単ですが、オンブをしていないオンブバッタというのも存在するわけです。そういう状態だとショウリョウバッタと似ていますが、全長が2～4㎝くらいと小型で、ショウリョウバッタと見くらべると足が短いのと頭にイボがあるのが特徴です。

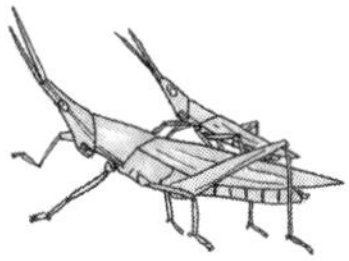

【ヒシバッタ】

上から見たら身体が菱形をしていることからこの名前がつきました。公園でよく見るのは、体長が10㎜前後のとっても小さなヒシバッタです。ヒシバッタは、同じヒシバッタの仲間の中で20種類近くいますが、見分けが非常に難しいのでここでは総じてヒシバッタとくくります。

【カマドウマ】

羽がなく、おしりがつんと上がった形をしていたら間違いなくカマドウマです。公園でよく見るのは、マダラ模様がついているマダラカマドウマです。暗いところが好きなバッタで、公園でも日陰の場所を探すと出会いやすいです。

春
夏
秋
冬

遊び方

[手で捕獲する]

バッタは捕獲するのがとっても楽しい生きものです。バッタは他にはいない独特の形をしていて、そのもののディテールが面白い生きものなので、子ども達にとっても捕獲欲が高まります。捕虫網を使えば誰でも少し頑張れば比較的簡単に捕まえられますが、できればバッタとは〝正々堂々真剣勝負〟をして欲しいと思っています。

正々堂々真剣勝負とは、すなわち手で捕獲することです。バッタを手で捕獲すると

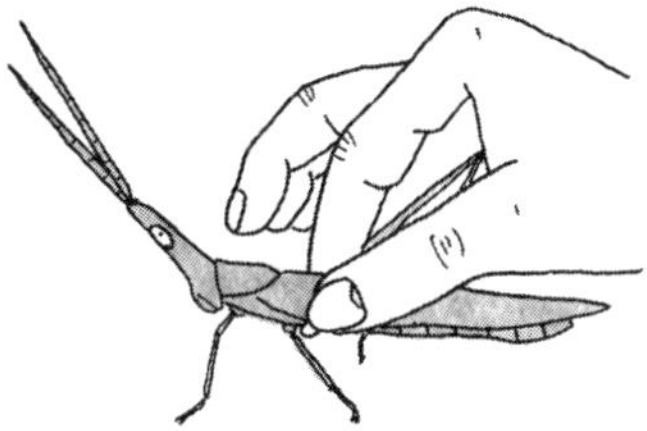

きは、まずバッタに気づかれないようにそっと後ろから近づきます。これができるかできないかで捕獲成功率は大きく変わります。その後、草地にとまっているときや、飛んだ瞬間を狙って捕まえます。

捕まえるときのポイントは、バッタの着地の瞬間に後ろから素早く両手で包むことです。

バッタを必死に追いかけている子ども達を見てみると、走って追いかけていたのが次第にバッタと同じように両足跳びになっていることがよくあります。この微笑ましい姿を見られるのは、保護者や指導者達の特権です。

【バッタに触れてみる】

バッタは、手で持とうとすると後ろ足を勢いよく動かすのでちょっぴり怖いと思う子どもが多いです。そういうときは、保護者や指導者がバッタを持って触らせてあげたり、やり方を見せてから持たせてあげるとよいでしょう。持ち方は、長い後ろ足の動きを止めることです。親指と人差し指の指先で、後ろ足の付け根を持ち、その指の腹で後ろ足ごと挟みます。

カマキリ

カマキリは日本には10種類近くいると言われていて、三角形の顔と鎌のような前足が特徴です。シャーッと鎌状の前足を上に上げ、羽をバサッと広げて威嚇する姿は迫力満点で、まるで森のギャングです。子ども達もちょっと弱気になってしまうくらいです。ここでは、公園でよく見るカマキリ2種類を紹介します。

【オオカマキリ】

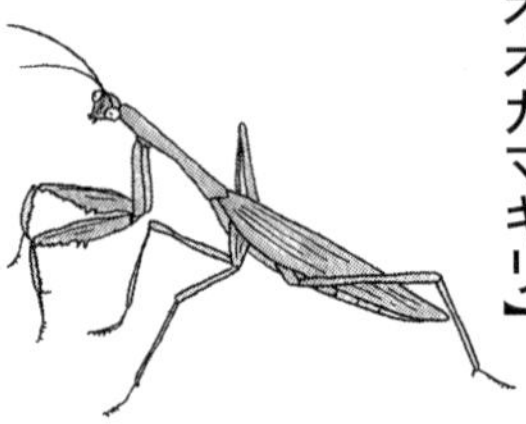

オオカマキリは、「昆虫界のギャング」とも呼ばれていて、成虫の全長が7〜10㎝くらいと本当に大きく迫力があります。

この大きさで威嚇ポーズをとられると、大人も少しウッと引いてしまう強さを感じます。あまり開けた場所ではなく、草むらのかげなどを探してみるとよいでしょう。草を少しゆらすと不自然に大きくゆれる物体が視界に入ります。もしかしたらそれがオオカマキリかもしれません。

【ハラビロカマキリ】

体長は4〜8㎝くらいで、名前の通りおなかの部分（柔らかそうなところ）の幅が見た目でも広いのが特徴です。また、胸の部分も少し短く、他のカマキリと比較してみるとその特徴は明らかです。

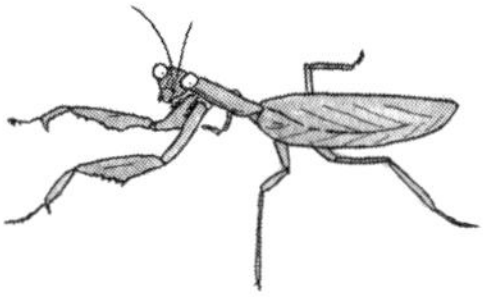

図 A
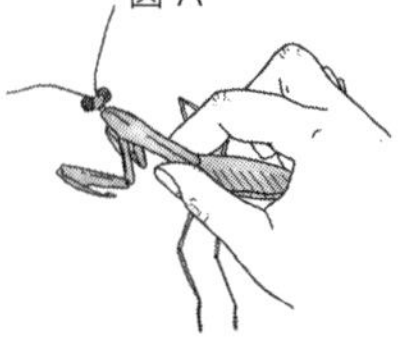

図 B
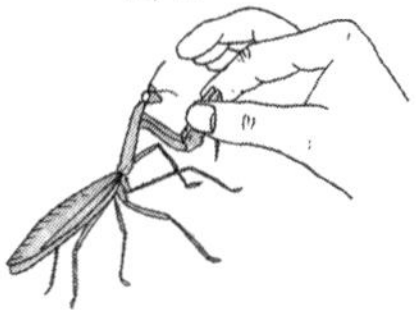

まだ小さな時期はおなかの部分では見分けがつきにくいことがありますが、その場合は、右ページ上の図のように腕の部分の突起（黄色や白っぽいことが多い）で見分けます。

遊び方

［カマキリを持つ］

捕虫網などで捕獲したカマキリを、まずはぜひ持ってみてください。シャーッと威嚇する姿や鎌に負けずに持つことができて大きな達成感を持った子ども達は、おびえた顔をしつつも誰彼かまわず自慢します。

ポイントは、人差し指と親指の指先で背中から羽の付け根を持つことです（図A）。この時、指先以外を羽の方にポジションをとることで、鎌でやられる可能性が大きく減ります。この持ち方を成功させるには素早さが肝です。事前に素振りをしておくとうまくいくかもしれません。

保護者や指導者がカマキリを持って、子ども達に触らせるときは、両鎌を親指と人差し指で挟んで持ちます（図B）。そうすると、子どもは鎌を気にせずにカマキリに触れることができます。

【コクサグモ】

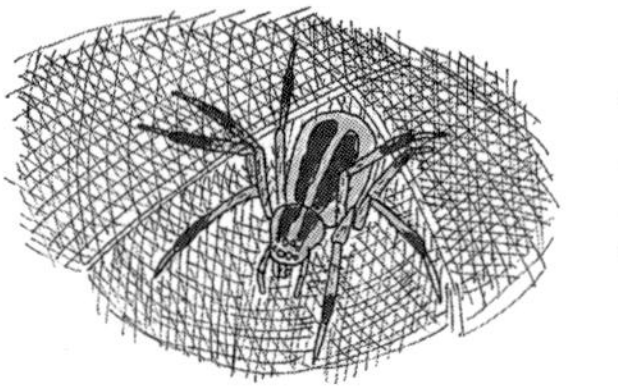

公園の生け垣などにクモの巣を発見したら、たいがいがコクサグモでしょう。オス、メスともに体長が10〜15㎜で、不規則な膜のような巣を作るのが特徴です。このクモの面白いところはこの巣にあります。一見あまり上手ではないグチャグチャな巣に見えますが、実は巣の奥にトンネルがあり、外敵に襲われたらいつでも脱出できるエスケープルートを作っているのです。

遊び方

【コクサグモ探し】

コクサグモは、生け垣などで簡単に見つけることができます。それだけに探すエリアを決めて、「いくつ見つけられるか」といった競争形式で探すと、誰も見つからないといったことがないので盛り上がります。また、見つけたコクサグモを刺激してトンネルの中に逃げてゆく姿を観察するのも面白いです。

コガネムシ

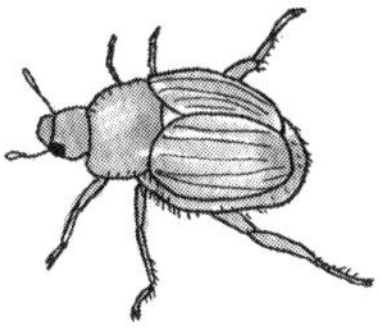

【ドウガネブイブイ】

【アオドウガネ】

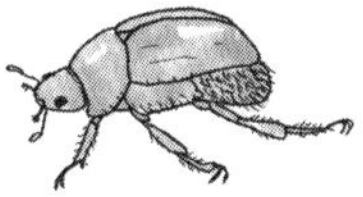

コガネムシは、日本にはおよそ４５０種類いて、こまかい見分けが難しい生きものです。たいがいのコガネムシは、菜食主義で植物を食べます。昆虫界では体表面が固いので甲虫と呼ばれます。ちなみに、なんとカブトムシもコガネムシの仲間です。公園で出会いやすいコガネムシをいくつか紹介しましょう。

名前が面白いので、子ども達は名前を教えてあげると意味もなく連呼します。住宅の網戸などによくコツッとぶつかってくるのは、たいがいこのドウガネブイブイです。体長はおよそ2～3㎝で、背中の硬い部分がよく見るコガネムシのような緑というよりも銅色に近いのが特徴です。

体長はおよそ2～3㎝でドウガネブイブイにそっくりですが、背中の硬い部分の色が光沢のある緑色だと、アオドウガネであることが多いようです。また、アオドウガネは、おなかの部分に薄い色で短い毛が生えているのも特徴です。捕まえられそうになったり、危機感を感じると糞をするので、見分けることもできます。

遊び方

[捕まえる]

コガネムシの仲間も、ぜひ実際に捕まえてほしいです。予測不能の激しい動きをあまりしないので、2～3歳児が初めて虫を捕獲するのに最適です。また、捕獲後も大きな動きをしないので自分でつかみ、観察をするのに適しています。たくさん集める、動きが少ないのを利用してスケッチをしてみるといった遊びの展開をしてみましょう。

身近な公園では、カブトムシやクワガタの捕獲はなかなか難しいかもしれませんが、夏はとっても魅力的な生きもの達であふれています。紹介した生きもの以外にも、まだまだたくさんの生きものに出会えると思うので、図鑑や捕虫網などを持って出かけてみてください。

秋の公園

秋の公園は自然の生きものが面白いだけでなく、この時期だけの自然からの特別の贈り物「実」をたくさん見つけることができます。生きもの好きな子どもは生きものを、草花や実が好きな子どもはそれらを、各々に楽しむことができます。また、気温も夏よりはだいぶ下がり、蚊も少なくなるので外で思いきり遊びやすくなります。とことん自然遊びを満喫しましょう。

生きもの、実、花、それぞれの代表的な秋の楽しみを紹介しますので、参考にしてください。

出会える草花や樹木

【キンモクセイ】

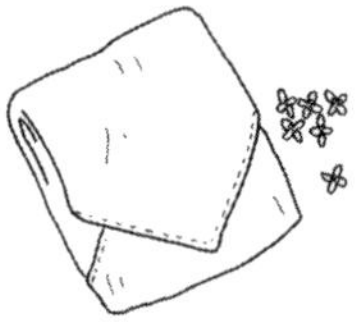

秋の始まりは、この時期だけしか味わえないキンモクセイの花の香りを楽しみましょう。キンモクセイは、小さな公園、とくに古い公園では植樹されていることが多いようです。この木は、常緑小高木といって、それほど高くならない木で、いつも葉っぱは緑色です。ふだんは目立たない木ですが、この時期だけは違います。

オレンジ色の小さな花が葉の付け根にたくさん咲いて、独特の甘くて心地よい香りをあたり一面に漂わせてくれます。

遊び方

【香り袋づくり】

キンモクセイの香りは、オレンジ色の花からきています。この花の香りは、木から落ちてもすぐには消えません。この花を集めて、ハンカチに包んだり、保育園や幼稚園でカップやフォークなどを入れる綿でできた巾着袋などに入れてみましょう。しばらくいい香りを堪能できます。

春
夏
秋
冬

【イチョウ】

アヒルの足のような葉が特徴的な落葉高木です。落葉高木とは、秋になると葉っぱが落ちる、背が高い木のことです。イチョウの木は、秋にこそ楽しみたい木の一つです。この時期のイチョウの葉は、緑色からきれいな黄色に変わり、落ち葉は、地面一面に黄色い絨毯を敷き詰めます。地面に落ちているイチョウの実はとても臭いですが、種の部分は「ギンナン」なので好んで拾いに来る方もいます。

イチョウの木は、とっても長い歴史をもっています。なんと恐竜時代から繁栄していた「生きた化石」で、長い間ずっと生き続けてきた木です。

遊び方

［ギンナン・クッキング］

「食欲の秋」でもありますので、ぜひギンナン・クッキングに挑戦してみてください。ギンナン・クッキングを楽しむためには、まずは採取です。地面に落ちているギンナンはまだ果実がついたままです。この果実に直接触れるとかぶれてしまうことがあるので、必ずビニール手袋など手を保護するものをつけるなどしてから採取しましょう。

はじめに足で実をつぶして、種だけにするのがポイントです。足で実をつぶす際も、靴に匂いがつかないようにビニール袋を履かせて作業をする人もいます。ギンナンをたくさん採取したら、帰宅後きれいに洗います。あとはフライパンで煎った後、ペンチなどで殻を割り、中身を出して塩をふったらおいしく食べられます。

ギンナンは刺激が強いので、子どもは食べ過ぎると体にあまりよくありません。茶碗蒸しの中に1～2粒程度入れてあげるとよいでしょう。自分達で採取した実が食卓に出てくると、きっと喜んでくれるはずです。

[注意すること]

イチョウは、葉っぱの汁や木の実（ギンナン）などに触れるとアレルギー反応を起こす場合があります。かぶれがひどい場合は、医師の診断を受けるようにしてください。また、かぶれの経験がある方は、ギンナンを食べるのも控えるようにしましょう。

ドングリの木

公園によっては、ドングリがなる木が生えているところもあります。ドングリは全国共通、男の子にも、女の子にも大人気の木の実です。ドングリがあるだけで子どもの顔は笑顔になりますし、素材的にも活用すると自然遊びの幅はぐんと広がります。

ドングリが嫌いという子どもも大人も少ないので、ドングリの木を見つけたら保護者や指導者の方も一緒に楽しい時間を過ごせるのではないかと思います。

ドングリと一口に言っても、神社やお寺に多い、煎って殻をむいたあと塩をふって食べたら日本一おいしい「スダジイ」や、里山に多い、まんまるの体にモジャモジャの帽子をかぶった「クヌギ」など、エリアによって面白いドングリがたくさんあります。

公園で一番よく見かけるドングリのなる木は、葉っぱが冬になっても落ちにくいため防音や防風の役割を持ち、公園管理の人にとっても掃除が楽な「カシ」の仲間です。

そのカシの仲間のドングリを、ちょっとした図鑑風に葉っぱと一緒に紹介しますので、参考にしてみてください。

【カシの仲間のドングリ】

シラカシ

アラカシ

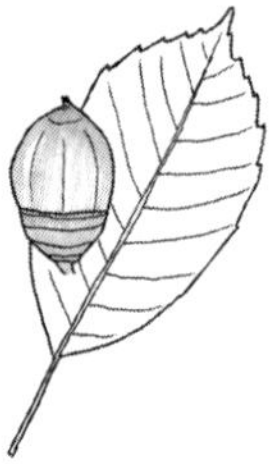

ウバメガシ

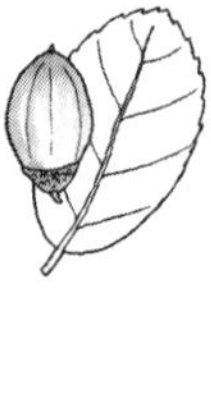

【あったら嬉しいドングリ】

ウラジロガシ

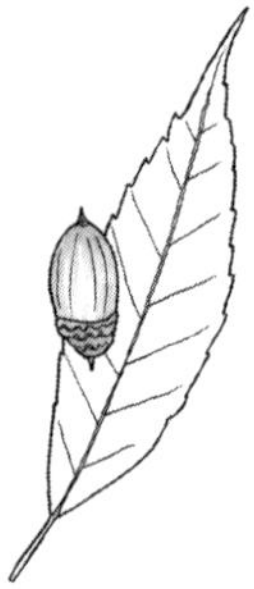

イチイガシ

アカガシ

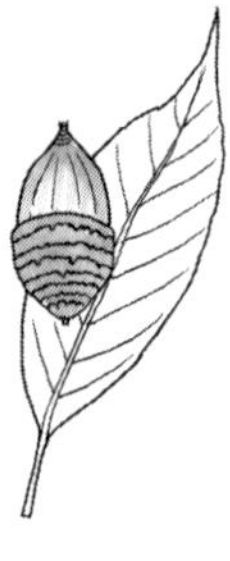

コナラ

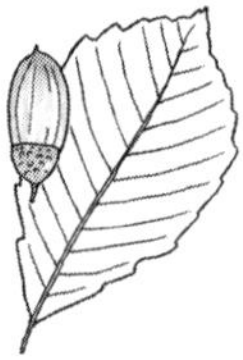

クヌギ

遊び方

【ドングリ集め】

前の章でもご紹介しましたが、1〜6歳まで、どの年齢の子どもでも楽しいのがドングリ集めです。袋にいっぱい集めてもいいですし、厳選したドングリだけを集めてもよいと思います。思い思いの個性とこだわりが光るドングリ集めを一緒に楽しんでください。

ドングリ集めは成長に伴い、ステップアップすることができます。並べるといった作業は1歳から楽しめますし、4〜5歳くらいからは「10個集める」「いくつ拾ったか？」など、数を指定して集めてみたり。扱う物が面白いので知的遊びにも入りやすいです。

【虫探し】

もしも公園にコナラのドングリがあったら、緑のドングリがついているコナラが枝ごと落ちていないかを探してみてください。または、落ちているドングリに、黒い点のような針の穴ほどの小さな穴が空いていないかを探してみてください。

この穴はなんと、昆虫の仕業です。犯人は「ハイイロチョッキリ」と言って、ゾウのように長い口が特徴の昆虫です。ハイイロチョッキリは、夏の終わりから秋にかけてコナラのドングリに長い口の先で穴を開け、その中に卵を産みつけます。生みつけたあとは、固い枝ごと地面に切り落とすのです。こうすることで、ドングリという栄養と安全が確保された中で子どもが育つというわけです。

穴が空いているドングリを見つけたら、ナイフなどで割ってみましょう。そうすると、卵からかえったハイイロチョッキリの幼虫に出会えます。幼虫が出るか？　出ないか？　のドキドキ感で、どんな子ども達も集中してのぞき込んでくれます。

また、もしも枝ごと落ちてくる場面に遭遇したら、すぐに切り落とされた元の部分を見てみましょう。そうすると、ハイイロチョッキリ自体にも出会うことができます。

紅葉する木

秋が深まってくると、公園の木の色が黄色や赤、時には茶に変化してきます。これはご存じの通り「紅葉」しているわけですが、このメカニズムが面白いのです。

春から秋にかけての葉っぱはなぜ緑色なのかというと、その色が太陽から栄養をもらうのに最適だからです。しかし、冬に向けて日照時間が短くなると葉っぱが生み出せる栄養が少なくなります。葉っぱをつけたままではかえって木が健康を保てなくなるので、葉っぱの数を減らすために葉を落とすとともに、栄養を作らなくてもよいように葉が色を変えるのではないかと言われています。

公園には、その地域によってさまざまな木が植えられているので、ここでは「紅葉する木」と表現します。公園にある紅葉する木としては、「サクラ」「トウカエデ」「イロハモミジ」「イチョウ」「ドウダンツツジ」などがあります。

「トウカエデ」「イロハモミジ」「ドウダンツツジ」は、次のページのような木の葉の形をしています。

【トウカエデ】

【イロハモミジ】

【ドウダンツツジ】

カエデ科で、10～15ｍくらいの高さになる木。葉っぱに浅めのスリットが入っていて、三つ又に分かれているのが特徴。紅葉のあとは、葉が地面に落ちます。ちなみに、「カエデ」は英語で言うとｍａｐｌｅ（メープル）で、ドイツ語だとａｈｏｒｎ（アーホーン）。ドイツ語で言うとちょっと面白いと思いませんか？

カエデ科で10～15ｍの高さになる木ですが、手入れがきちんとされているともっと低いまま維持されていることもあります。

名前の由来は、昔「い・ろ・は・に・ほ・へ・と」と、数を勉強するのに使われたからだと言われています。その名の通り、7つに葉が別れているモミジです。

ツツジ科の生け垣などに使われる木で、春は釣り鐘状の白くて小さな花を咲かせます。葉っぱ自体はとっても小さいのですが、紅葉したときの赤の色鮮やかさは公園内でもかなり目立つ存在です。

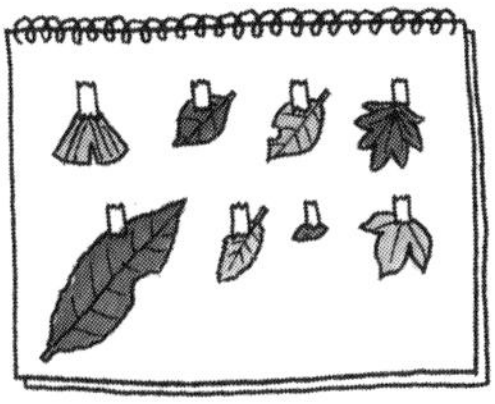

遊び方

［色集め］

紅葉の時期の葉っぱは、息をのむほど美しく鮮やかな色をしています。しかも、その色を維持するのはほんの一瞬です。せっかくなので、その素晴らしい色を集める遊びをしてみましょう。

集め方はアイデア次第で無限に広がります。いくつかご紹介しますので参考にしてください。

●赤くて葉っぱの種類が違うものをたくさん集める。

●色見本を見せたり配布して、赤から黄色まで（もしくは茶色まで）いろいろな色を集める。

●黄色い葉っぱを○○枚、赤い葉っぱを○○枚といったように、数を指定する。

●同じ葉っぱで色違いを集める。

どれもとっても簡単ですが、4～5歳くらいの年齢でしたらきっと楽しい遊びになると思います。1～3歳児は、色を理解するのに使っても面白いです。

出会える秋の虫たち

【アオバハゴロモ】

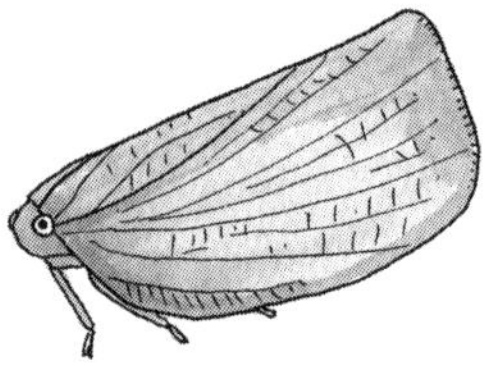

全長がおよそ10㎜で、ピンクの縁取りされた淡い緑の羽を持つ昆虫です。一見チョウチョの仲間のように見えますが、実はカメムシの仲間です。アオバハゴロモは寂しがり屋なのか、たいがい数匹一緒に植物の茎などにとまっています。とっても小さな生きものなのでふだんは見逃しがちですが、一度見つけると次々と見つけられるようになります。

遊び方

［かくれんぼ］

自分が隠れるのではなく、緑の中に潜むアオバハゴロモを人間が探す遊びです。アオバハゴロモを見つけられると、もうだいぶ〝自然の目〟になった証拠です。

人工的な色に慣れ過ぎると、この自然の中で何かを「見つける」という作業が難しくなります。ぼやーっと広く、時に一点に集中するでもなく、視界全体を使いながら探すと上手に見つけることができます。

【ツマグロオオヨコバイ】

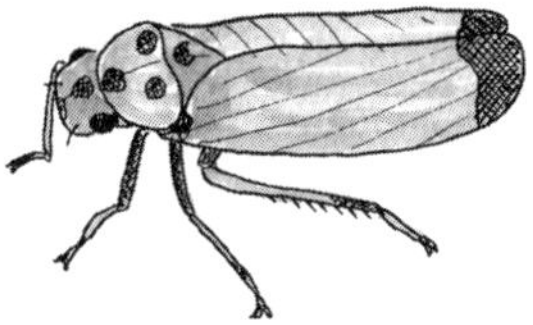

「ツマグロオオヨコバイ」という名前よりも、通称の「バナナムシ」という名前のほうがなじみがあると思います。４月ころから見つけることができますが、まわりの自然が茶色、赤などの色に変わりつつある秋のほうが見つけやすくなります。

ある時期になると、なぜか子ども達がみんな「バナナムシ！　バナナムシ！」と連呼する時期がやってきます。ツマグロオオヨコバイの特徴は、その通称の通り、細い体は黄色で、ところどころに「スウィートスポット」の黒い点があるのが特徴です。全長10㎜程度で、こちらもカメムシの仲間です。

遊び方

【名前づけ】

バナナムシを見つけ、ツマグロオオヨコバイがなぜ「バナナムシ」と呼ばれるのかを確認したら、公園内の自然物全部に自分が好きな名前を勝手につけていく遊びです。「大福石」とか「ゴマムシ」とか、子どもは大人ではとうてい思いつかないような、特徴をつかんだ面白い名前を自由につけてくれます。

【ジョロウグモ】

ジョロウグモは、赤と黒の派手な色をしています。オスが足を除いた体の部分が6～8㎜程度なのに対して、メスが15～25㎜程度と、オスとメスのサイズ差がとっても大きい生きものです。よく見るジョロウグモは、メスです。悲しいことに、オスは交尾をしようとメスに近づいた際に、食べられてしまうこともあります。

ちなみにクモは、昆虫図鑑には載っていません。理由は、昆虫ではないからです。昆虫は、体が「頭」「胸」「腹」の3つに別れていて、足が6本という基準がありますが、クモは「頭」「腹」の2つで、足が8本だからです。

遊び方

［いろいろなクモの巣探し］

ジョロウグモをはじめ、クモはさまざまな技と知恵で獲物を捕らえます。「コクサグモ」のようにトンネルを作るタイプとはまったく違い、ジョロウグモは、ダミーのクモの巣にメインのクモの巣を挟んで、ダミーのクモの巣をよけたかと思ったら、メインのクモの巣にかかってしまうと

いう技を使います。

そういうストーリーを話しながら、いろいろなクモの巣を見つけては、「このクモの巣はどうやって獲物を捕まえるのか？」を一緒に考えてみると、とっても面白い時間になります。

［ジョロウグモ相撲］

ジョロウグモ2匹を横にした木の枝の中心に向かい合わせで乗せると、場所取り合戦が始まります。勝った方はそのまま木の枝に残り、負けた方は木の枝に糸を付けて下に降りていくなど逃げ出します。

強いジョロウグモを探すコツは、「攻撃性」があるのを見つけることです。爪楊枝の先ほどに小さく折った小枝を軽く巣に投げつけます。その時にサササッとその小枝に近づき、すぐにおしりから糸を出してクルクル巻き付け始めるクモであれば、横綱級である可能性が高いです。

ジョロウグモは、見かけによらずおとなしい生きものなので、慣れると子ども達は平気でつかめるようになります。

【アキアカネ】

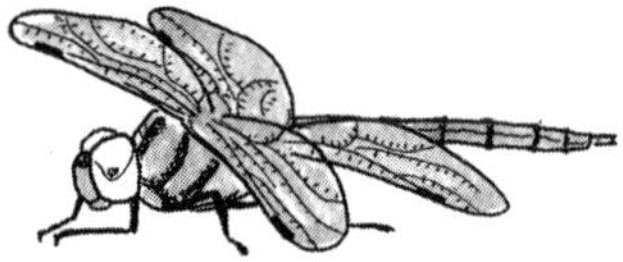

「アカトンボ」といえばこのアキアカネのことを言うことが多いようです。赤いトンボはほかにも「ナツアカネ」「ヒメアカネ」など数種類がいますが、公園ではアキアカネを一番よく見つけることができます。

頭からおしりの先までの全長が3〜5㎝くらいの大きさで、体の色は淡い赤からきれいな赤まであります。夏はまだ「赤」という体の色ではなく、秋になって初めて「アカトンボ」たる理由がわかる、きれいな赤に変わるので、秋こそ見つけたい生きものです。

遊び方

[アキアカネ釣り]

アキアカネには、「とがった場所にとまる」という習性があるようです。ですから、公園のような平地で数匹目撃した際には、先が細い棒などを持ってじっと待っているとその先端にとまってくれます。

この習性を使ってアキアカネの捕獲をしたり、何人かで「誰の棒にアキアカネがとまるか?」などの競争ができます。この遊びは我慢が肝心で、子ども達にとっては、じっと動かないで待つ練習になったり、いつとまるかというドキドキ感も味わうことができる楽しい遊びです。

秋は、夏から一気に公園の景色を変えてくれる面白い季節です。そして、音の刺激が大きかった夏から、色で刺激してくれるのが秋です（里や緑地だと鈴虫やキリギリスのように音で刺激をしてくれる素敵な虫たちもいますが……）。ここでは紹介しきれないくらいたくさんの葉の色を変える木や、面白い生きものがいます。

いったいどんな面白さがあるのか？　皆さんで散策をしてみてください。

冬の公園

冷たい風、葉っぱが落ちて裸ん坊の木など、冬の公園はなんとなく寂しい印象があります。パッと見た感じの印象だけですと、自然遊びをするものが何にもない……と思ってしまいがちですが、そんなことはありません。冬だからこそ出会える面白い自然がたくさんあります。

一見寒々しく、何もないように見えて、ピンポイントで出会いを求めていくと面白い自然の世界が広がります。冬に出会いやすい自然をいくつか紹介しますので、暖かい服装で、温かい飲み物を持って、公園に出かけてみましょう。

春
夏
秋
冬

出会える草花や樹木

【葉痕《ようこん》】

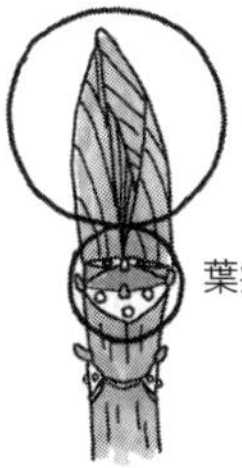

これこそ、冬の自然遊びの代表格です。一般的には「冬芽（ふゆめ）」といって紹介されることが多いのですが、冬芽は春に備えて出てくる芽の部分で、面白いのはその下の「葉痕（ようこん）」部分、もしくは冬芽と葉痕の合わせ技が面白いのです。

冬になり日照時間が少なくなると、太陽の光から栄養を十分につくれなくなります。そこで木や植物は冬眠モードに入り、あまりエネルギーを使わないように葉っぱを落とすのですが、葉っぱと本体とで栄養のやりとりをする管の痕がとっても面白い形になって残っているのです。

遊び方

［葉痕探し］

葉痕は、木や植物によってまったく違う形をしています。人の顔のような葉痕、宇宙人のような葉痕……どんな葉痕があるか探してみましょう。いろいろな葉痕を見つけることができたら、スケッチしたり、虫眼鏡でじっくり観察をしたり、見せ合ったりしましょう。スケッチしたものをお面にしてみるのも面白いです。

公園でよく見ることができる葉痕を冬芽とセットでいくつか紹介しますので参考にしてみてください。公園にはご紹介した木がないという場合もありますが、名前や種類にこだわらず、まずはいろいろな冬芽を探してみましょう。

アオギリ

アジサイ

アカメガシワ

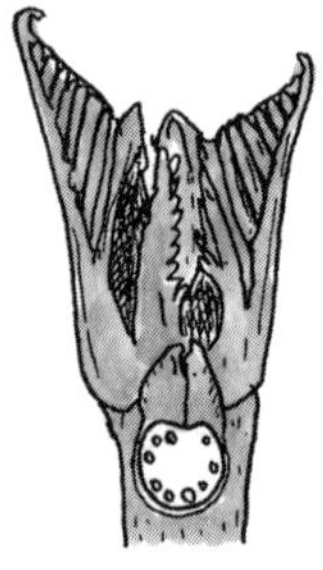

ヤツデ

【落ち葉】

冬の公園は、茶色い葉っぱがたくさん落ちています。これは、葉痕の時にご紹介した理由と同じように、木が冬眠モードに入るための現象です。たいがいの公園で、シンボルツリーになるような木には葉っぱの落ちる木を植えています。冬になって太陽の光がたくさん入るようにするためです。

公園によっていろいろな種類の落ち葉がありますが、ここではその種類にこだわりません。落ち葉自体でたくさん遊んでみましょう。

落ち葉遊びをするためには、公園清掃のタイミングを知っておくことが肝心です。公園では定期的に落ち葉集めをしています。遊ぼうと思った日に落ち葉がないといったこともあります。清掃のタイミングに出会ったら、次はいつ清掃に入るのか担当の方に聞いておくとよいでしょう。

遊び方

［落ち葉集め］

落ち葉集めは、落ち葉遊びの代表選手です。スーパーの袋などに、まずはたくさん集めてみましょう。1人よりも2人、2人よりも3人、と、

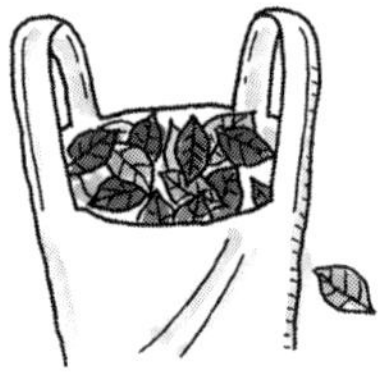

たくさんのお友達と集めると、そのあとの遊び方が広がります。

落ち葉を集めていると、ときどき落ち葉の布団で寝ている虫たちに出会えることもあります。そんな時は落ち葉集めを一時中断して、その虫たちを観察するのも面白いです。

[落ち葉ソファー]

落ち葉集めの発展形です。たくさんの落ち葉を透明で厚みがある30リットル程度のサイズのゴミ袋に集めてみましょう。ぎゅうぎゅうパンパンに集まったらしっかりと袋の口を結びます。そうすると、落ち葉ソファーの完成です。完成した落ち葉ソファーに座ったり、寝転がったり。フカフカパリパリの落ち葉の感触は独特なのでその感触をたっぷり味わってみるとよいでしょう。

落ち葉ソファーを作っている際に、ぜひ落ち葉の上を歩いているときの足裏の感触もじっくり味わうようにしてみてください。冬にしか味わうことができないパリパリパリッとしたその感触は、子ども達の足裏感覚を育てるのにも有効です。

出会える生きもの

【ダンゴムシ】

ダンゴムシは触ると丸くなる愛嬌ある行動から、どの年齢の子どもにも人気の生きものです。私達がよく目にするダンゴムシの正式名称は「オカダンゴムシ」といって「オカ」がつくのがミソです。一見ムカデの仲間や昆虫類だと勘違いされることが多いのですが、実はエビやカニと同じ甲殻類の仲間です。

ダンゴムシは通常湿気がある場所が好きで、鉢植えや大きな石の下などに多くいます。見つけたいときは、それらをひっくり返してみるとよいでしょう。

ダンゴムシを探していると、触っても丸くならないものを見つけることがありますが、これは「ワラジムシ」といって、ダンゴムシとは別の仲間です。

遊び方

［観察］

ダンゴムシは、まずは観察するに限ります。昆虫は６本、クモは８本に対して成虫の足の数は14本と特殊だったり、丸くなる瞬間や少しずつ開いていく様など、見ていて飽きることがありません。小さな箱の中に入れて、じっくり観察をしてみるのをオススメします。

また、観察道具として虫眼鏡を使ってみましょう。小さな生きものにこそ虫眼鏡の効果が発揮できます。対象物に対して集中しやすくなる効果があるので、より面白い仕草などを発見することができます。

[迷路]

ダンゴムシの習性を知るには、迷路遊びがオススメです。ダンゴムシは、進んでいるときに何かにぶつかると左右に方向転換する習性があります。この習性を利用して迷路遊びをします。お菓子の空き箱などを使って、壁の高さが2㎝程度の迷路を作ります。この時、必ず抜けられる迷路（行き止まりだけでゴールがない迷路はダメ）にしておくと、かなりの確率でゴールすることができるのです。

迷路を子ども達と作るのもよいですし、作った迷路で子ども達と迷路の実験をするのも面白いです。

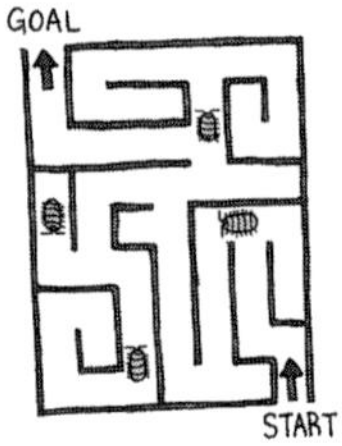

春
夏
秋
冬

【ヨコヅナサシガメ】

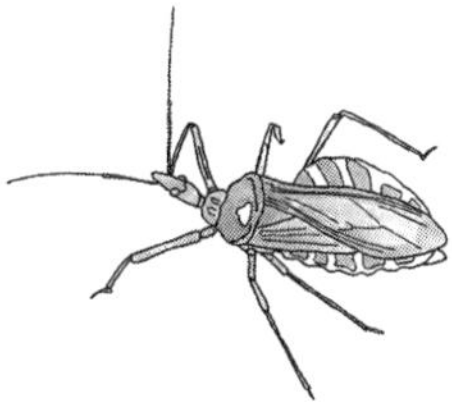

体長が15～25㎜程度で、全体的に黒い色ですが羽のまわりが白の縞模様になっている昆虫です。まだ大人になっていないものは、それに加えて赤い色が入っています。はがれかけた樹皮をめくってみると、集団でいるところを発見できます。目に飛び込んでくる白と黒と赤の色と、集団でいる様子は、見つけた瞬間「ウェッ」と声をあげたくなるでしょう。

好物は虫で、おいしそうな虫を捕まえるとストロー状の口を刺して、体液を吸います。ですから、人間も気をつけないと刺されることがあります。この昆虫と遊ぶときは注意が必要です。

遊び方

［観察］

ヨコヅナサシガメは、なんといっても観察です。とくに、集団でいるときの様子は見ていると飽きません。

重なり合い、我先にと温かいところへ進み、そして隠れていく姿は、集団の中にそれぞれの個性が光っていてとても面白いです。

冬にだけ出会える霜柱、氷

【霜柱】

土がある公園であれば、かなりの確率で出会えるのが霜柱です。細い氷がよせ集まったような不思議な霜柱は、気温が下って地面の表面の水分が凍るのをきっかけに、地中の水分が次々と地表に引き寄せられ積み重なりながら凍ってできてきます。低いもので5㎜程度、高いものでは10㎝くらいになることもあります。気温が低ければ低いほど見られる確率があがるので、今日は寒い？　それほどでもない？　という目安にもなります。

遊び方

［霜柱踏み］

1歳前後で歩けるようになったら、霜柱踏みが面白いです。足で踏んだときのシャリッシャリッという感覚は霜柱独特の踏み心地で、永遠にその踏み心地を楽しもうとすること間違いなしです。遊びが発展してくると、つま先で蹴ってみたり、手に乗せてみたりと、踏むことをきっか

けに子ども達が自発的に霜柱との遊び方を考え出してくれます。

［観察］

「霜柱は踏むだけにあらず」です。霜柱を発見したら、すべて踏み遊ぶ前にぜひ観察をしてみてください。観察をする際は、虫眼鏡を使うのがオススメです。

高さが低い霜柱は、手の上にのせてしまうと溶けるのが早いので、粘土板などの上に乗せてからじっくりと観察をします。細い氷の集合体の霜柱をアップでのぞくと、子ども達はその不思議な世界に引き込まれていくことでしょう。

【氷】

雨上がりに水たまりができるような公園では、氷を発見できる可能性があります。雪がなかなか降らない地域でも氷はできることがあるので、氷を見つけたら、せっかくなので、すべての公園遊びは後回しにして氷遊びをしてみましょう。狙い目は朝一番のまだ空気がキンと冷たい時間帯です。お昼に近づくにつれて氷の発見率は下がるので、冬こそ朝一番で公園へ出かけましょう。

遊び方

【ツルツルリンク】

直径30㎝程度の氷を見つけたら、迷わずやっていただきたいのがアイススケートです。公園に張っている氷はたいてい薄いものが多いので、大人が乗るとすぐに割れてしまいますが、子どもなら大丈夫です。

いきなり勢いよく氷の上に足を滑らせると、転んで後頭部を打ったり、ケガをする可能性があるので、まずはそっと氷の上に乗るところから遊び始めます。その場でクルクル回転したり、両足を氷の上で開いたり閉じたりと、保護者や指導者が手をとった状態で遊びます。慣れてきたらあとは子ども次第です。

小石を氷の上に滑らせてみたり、自分が滑ってみたりと、キャッキャッという笑い声とともに、きっと次々と面白い遊びに発展していくと思います。遊びの発展があればあるほど、きっと子ども達は肌感覚で、理科で言うところの〝摩擦係数〟を体験していることでしょう。

自転車で公園へ行く方は、お子さんにヘルメットを着用させると思います。ヘルメットをかぶせたまま遊ぶとより安全に楽しむことができます。

［家でも氷遊び］

番外編ですが、気温が低くなる日は家でも氷遊びができます。バケツや洗面器など、口が広い入れ物に水を入れて外に置いておくと翌朝薄い氷が完成しています。家の北側など、常に日陰になる場所に置いておけば、地域によっては日々氷が厚くなっていくので、〝大物〟の氷を作ることもできます。0度になることの少ない地域でも、ホーローやステンレスなどの入れ物を使うと比較的氷ができやすくなります。

できた氷を地面にたたきつけて割ってみたり、ずっと手で持っていたり、ペロッとなめてみたり、氷越しに景色を見てみたりと、子ども達はいろいろな遊びをしてくれます。

冬の公園は、その日、その瞬間にしか出会えない自然現象に出会えるチャンスがたくさんあります。温かい服装をして、積極的に公園遊びを楽しみましょう。

ほんの少しですが、春、夏、秋、冬の四季を通した公園の生きものや植物、樹木の楽しみ方を紹介しました。公園へ行く時に本書をかばんに忍ばせていただければ、実践的で楽しい自然遊びができると思います。

また、ここでは紹介しきれなかった自然が公園にはまだまだたくさんあります。見つけ方や遊び方は自由です。ここまでお伝えしてきたことを参考にしていただき、「名前を知らない」「生態がわからない」などといったことは気にしないでその自然が持つ面白さに触れてみましょう。

nature education for children

第5章
子ども達にケガをさせないために

山でも、海でも、家の中でも、町中でも、公園でも、擦り傷や切り傷、ちょっとした打撲などの軽いケガはよくあるものです。多少のケガであれば、その経験から子ども達は「これ以上は危ない」「こうやるとケガをする」といった、危機管理能力を身につけていくと私は思っています。

しかし、落下や軽いケガ以上の〝重度のケガ〟は、できる限りなくすに越したことはありません。未然に防ぐことのできるケガを防がずに起こしてしまえば、それはもう「事故」です。

子ども達が公園で思いっきり自然遊びをして、さまざまな経験や学びを紡げる場を作るのが保護者や指導者の役割です。ケガを事故にしないためにも、公園でケガを回避するためのポイントを、「服装」「持ち物」「会話」「もしもの対処法」の４つの項目に分けて説明をします。

服装

汚れてもよい服／靴

年長さん達と森の中の急斜面を歩いていたときのことです。スタート前にある男の子が「この服と靴は汚すとお母さんに怒られるからやりたくない！」と言いました。なんとかわいそうな状況でしょう。自然遊びが大好きな子なのに、洋服を汚せないために活動中の動きを制限させられていたのです。

「汚さないように動く」ために、力の入った動き方ができずに、なかなかうまく斜面を登れません。それどころか、いつもよりも滑って転びそうなシーンが多々発生していました。結局、彼は服を汚さず無事に帰宅したのですが、あの活動中の寂しそうな顔は今でも忘れられません。

自然遊びをする子ども達は、膝をついたり、寝転がったり、水たまりの中に足を突っ込んだり、自然になじんでいけばいくほど、ダイナミックな動きになっていきます。子どもの学びのきっかけの芽を摘まないためにも、まずは汚れてもよい服装にしましょう。これはきっと保護者や指導者の「精神安定上」もよいかもしれません。

動きやすい服／靴

汚れてもよい服装のほかに、動きやすい服装であることも大切です。アウトドアイベントで自然遊びをしていた際、子どもがズボンの裾をズルズルと地面に引きずらせながら歩いていたため、木の枝に引っかかって転んでしまったことがありました。逆に、小さすぎるTシャツを着ていた女の子が、手を上げながら茂みの中を進んでいた際に、飛び出た脇腹を植物のトゲで引っかけて傷つけてしまった事件もありました。

このようにサイズの合わない洋服だけでなく、大きすぎる靴や小さすぎる靴も同様に避けたいところです。冒険遊び中、大きいサイズの靴を履いていたため、つま先を木の根にかけて踏ん張ろうとした際に靴が脱げてしまったり、逆に靴が小さすぎて長距離を歩こうとしたのに足が痛くて途中でリタイヤ……などということもありました。

子どもの冒険心がケガやリタイヤにつながらないよう、サイズが合った服装、靴を心がけましょう。

自然遊び完全装備

自然遊びをするときは、子どもが集中して遊びを続けられるように完全装備を整えることが大切です。汚れても大丈夫で、動きやすい服装を揃えた上で、次に注意するべきは「気温対応」と「外傷対応」の二つです。

気温対応はその言葉どおりですが、夏は涼しく暑過ぎないように、冬は寒くないように暖かい服装にしてあげることが大切です。暑い、寒いは子どもの集中を大きく妨げるので気をつけましょう。

外傷対応は、「草木のかぶれ」「虫刺され」「擦り傷」「切り傷」などを防ぐための服装です。基本は長袖・長ズボン、靴下を履き、帽子をかぶる、心配な場合は軍手をつけるとよいでしょう。蚊やダニ対策にもなります。また、黒は厳禁です。黒色は、スズメバチに刺されやすい色だといわれています。

これらが完全装備となりますが、少々大げさでもあります。指導者の方が大勢の子ども達を連れて行くときにはこのような準備が大切だと思いますが、家族で活動する場合は、気候とのバランスを考えながら、ご自身の判断で服装を整えてあげるようにしましょう。

持ち物

子どもが公園で楽しく遊び続けるためには、「事故」や「ケガ」、そして「つまらない気持ちになってしまう」ことを未然に防いだり、もしも何かが起きてしまったときには簡単な対処をしてあげられるのがベストです。

公園はたいがい家から近いところにあるので、そんなに多くのものを持って行く必要はありません。これからお伝えするリストをもとに、さらにご自身で絞って持ちものを決めるとよいでしょう。これは、ちょっとしたお出かけにも役立ちますので、ぜひ参考にしてください。

着替え／上着

夏はビショビショ、梅雨時はドロドロ……と、不思議なことに、子どもは必ず服を汚します。また、春なのに急に冷えたり、冬なのに汗だくになったりと、1年を通して何かしら着替えが必要になるシーンがあります。そのため、着替えはいつでもあるに越したことはありません。

子どもの着替え1セットは、たいした量ではありません。「着替えがないからもう帰りましょ」にならなくてすみますし、「子どもは着替えが必要になるくらいがよいのだ！」と準備万全であれば、子どもの服の汚れに保護者や指導者がイライラしなくてすみます。

飲み物

「熱中症」という言葉は、ここ数年よく耳にするようになりました。とくに夏に起こりやすい熱中症を防ぐ一番の方法は、こまめな水分補給です。子どもは自分でこまめに水分補給をすることはできません。保護者や指導者の責任で、ふだんの1・5倍程度おしっこの回数が増えるくらい、水分をとらせるようにしましょう。

また、冬は温かい飲み物を飲ませることも大切です。暑がりの子どもは、放っておくといつのまにか身体の芯から冷え切ってしまう場合があります。そんな時は、身体の中から温められる飲み物を飲ませてあげるようにしましょう。

お菓子

お菓子は、子どものモチベーションとエネルギー回復を一気に高めてくれる特別な燃料です。たとえば転んで泣いてしまっても、ちょっと休憩してお菓子を食べれば元気回復してくれます。また、子どもはエネルギーが切れてしまうと一気に元気がなくなります。山登りでいうところの「シャリバテ」というものと同じような現象で、時には顔色が悪くなったり、身体がだるくなったりすることもあります。そのようなことを防ぐのに、お菓子はとっても有効な手段なのです。

お菓子選びをするときは、「砂糖」「塩」「油」といったエネルギーに必要な3つの要素が補給できるようなものを選ぶことが大切です。また、時には、ピクニックのようにイベント気分を楽しめるお弁当を持って公園へ行くのもオススメです。

タオル

タオルは自然遊びの必携品です。全身びしょ濡れになった身体や、ドロドロになっ

た手足を洗ったあとに拭いたり、熱っぽくなった子どもをとりあえず冷やしたりと、活用の幅はとても広いです。

タオルを持って行く上での心構えは、「汚れるものだ」「濡れるものだ」「持って行くときは清潔なものを」の3つです。気にせず使えるものを用意しましょう。

サイズは1歳から2歳くらいまでは、お昼寝の布団がわりにも使えるようにバスタオルサイズがオススメです。3歳以上は、フェイスタオルサイズでも問題ありません。

絆創膏《ばんそうこう》

絆創膏は、擦り傷や切り傷ができた際に、傷口を清潔な状態にしたあとにその傷口を保護するためのものです。ですが、絆創膏は保護者が使うと効果絶大な魔法の道具に変わるのです。傷ができてしまった子どもは、びっくりしたり、痛みがあったりして泣いてしまうことが多いのですが、不思議なことに保護者が絆創膏をつけてあげて「大丈夫」と言ってあげると、ケロッと元気になった

りすることがあります。

絆創膏を購入する際は、子どもの指先でもしっかりフィットする小さめのもので、そのあとすぐに遊び始められるよう、水に強いタイプのものを選ぶようにしましょう。また、さまざまな患部にも対応できるように、大きめのサイズも持ち歩くとより便利です。

毛抜き

公園内の小さな草むらを走り回ったり、木登りをしたりしていると、手足にトゲが刺さってしまうことがあります。そのトゲを抜く際に活躍するのが毛抜きです。なかなかトゲが抜けない場合は針などを使ったほうがよい場合もあるので、小さめの安全ピンも一緒に持って行くのをオススメします。

毛抜きを購入する際は、「安かろう悪かろう」だと思ってください。大人のトゲならばたいがいどの毛抜きを使っても抜けますが、子どもの小さな指、そして薄い皮に刺さっている小さなトゲをしっかりと抜くには、先が細くて合わせがよい毛抜きのほうが適しています。

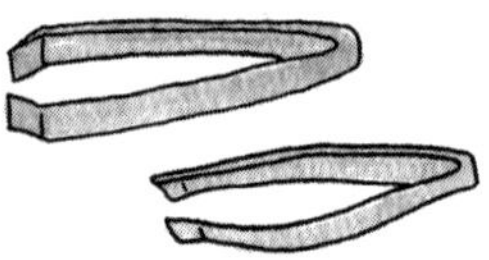

虫除け

虫に刺されてかゆくなったり腫れてしまったりすると、子どもの集中力が一気に途切れてしまうことがあります。虫刺されなどが原因で子どもの大切な時間を止めてしまうことほどもったいないことはありません。また、虫刺されあとを子どもがかきむしって傷になったり、化膿してしまう恐れもあります。ですから、虫刺されを事前に防ぐことはとても大切です。

オススメはガスタイプではなく、霧吹きタイプの虫除けです。ガスタイプは一見便利なのですが、無駄に広範囲に広がるために、じっとしていられない子どもが吸ってしまったり、顔や目にかかってしまうことが多いのです。また、高温の夏ではガスが破裂する危険性もあります。その点、霧吹きタイプは安全で、気軽に持ち運べます。蚊やダニなど、街でも気をつける必要が多くなった昨今、しっかり準備をしておくようにしましょう。長袖、長ズボンを着用している場合は、服の上から噴霧すると効果が長持ちします。

※アレルギーなどを考慮して購入、使用するようにしましょう。

かゆみ止め

虫除けをしっかりしても、どうしても虫に刺されてしまうことはあります。虫除けを噴霧しても、子どもの汗ですぐに流れてしまうのが原因の一つです。子どもにとっての〝かゆみ〟は、遊びを妨げる最大の〝敵〟でもあるので、かゆみ止めを使ってしっかり抑えてあげましょう。

かゆみ止めは、自分の子どもだけに使う場合は、べたつきがなく使いやすい液体タイプのものがオススメです。個人的に、即効性も高いような気がします。

一方、指導者が使用する場合は、指にとって患部に塗るペースト状のタイプをオススメします。理由は、不特定多数の子どもに使用する時、虫刺されの患部から出る体液などからの感染症を防ぐためです。

なお、かゆみ止めを塗る指を清潔な状態に保ち、さらに薄手のグローブを装着すれば、かなりの確率で感染症は防ぐことができます。

※アレルギーなどを考慮して購入、使用するようにしましょう。

ペットボトルの水

ペットボトルの水は、〝究極の救急セット〟だと私はいつも思っています。傷口や目に異物が入ったときの洗浄用、熱中症対策の水分補給、タオルを濡らしておしぼりにする時など、とにかくさまざまな用途に清潔な水を使うことができるからです。

可能であれば、ペットボトルのキャップの中心に安全ピンなどで小さな穴を開けた〝穴あきキャップ〟もセットで持って行くとよいでしょう。使用時にこのキャップに取り替えれば、水鉄砲のように細い水が出るため、水を節約しながら水圧の高い水を出すことができます。

持って行くのは開封していない５００㎖の水で、最近よく売っているボトル本体が柔らかく、空になったらぺちゃんこにできるタイプのものがオススメです。これだと使用後に小さくできるほかに、穴あきキャップをつけた際に水を勢いよく出しやすくなります。

９つのオススメ道具を紹介させていただきましたが、これらは一例なのでぜひご自

身の子ども、もしくはお預かりしている子どもに適した「マイセット」を作ってみてください。

あまり大きくて重い物ばかりで構成してしまうと、持って行くのが面倒になってしまうので、あくまで汎用性があってコンパクトで軽いセットにすることを心がけるとよいと思います。

おはなし

〝軽いケガをしてしまう〟〝ケガをしてしまったあとに子どものモチベーションが下がってしまって復活できなくなってしまう〟。そういったことは、自然の中だけでなくどんな場所で遊んでいても起きてしまいます。このような状況は、多くの方が経験をされていると思います。

私の経験上、こうしたことの３割程度は子どもと「おはなし」をすることで未然に防ぐことができます。また、ケガをしてしまったあとでも元気に自然遊びを続けられるようにしてあげられます。逆に言えば、保護者や指導者のおはなしが下手であればあるほど、子どものケガ率はあがり、モチベーションがあがらなくなってしまうということです。

ほんのちょっとのコツで、子どもの元気と安全は確保することができます。

次からお伝えすることを、ぜひ実践してみてください。

ノー・モア〝NO!〟で危険回避

「あっちへいったらダメよ!」「お水の中へは入らないで!」。公園で子ども達と遊ぶ保護者や指導者の口からは、よく「NO! NO! NO!(ダメ)」という言葉が出ます。

はたしてこの「ダメ」という言葉は、子ども達にどれくらいの効果があるのでしょうか?

教室や家の中でなら〝力〟や〝恐怖〟で押さえることもできるかもしれません。しかし、のびのびと自然の中で遊ぶ子ども達にはまったく効果がありません。ただ「ダメ」と言われても、まずは子どもの心の中には残らないことがほとんどです。また、「ダメ」の先には面白いことがあるに違いないと思う子どもも少なくありません。

イマジネーション能力と理解力がとっても高い子ども達に、危険箇所や危険行動をちゃんと伝えるのであれば、「リアルな理由」の説明が必要です。「リアルな理由」とはどういうことかというと、そこに行くとどんなことが子どもに起きる可能性があるのか? を具体的に伝えるということです。

では、どのような言い方がよいのかを、少し例をあげてみましょう。

〈状況〉

公園に小さな噴水があり、その噴水のまわりは滑りやすく、さまざまな危険が想定される。また、噴水の水深は30㎝程度と深いので、一人で、もしくは子ども達だけで遊んでほしくない。

悪い例

①「あそこの水のところへは行ってはダメよ！」

②「あそこの水のところへはケガをするから行ってはダメよ！」

③「あそこの水のところへは危ないから行ってはダメよ！」

このような言い方をする方が多いのではないかと思います。

②や③は少し「なぜ」が入っていますが、これでもまだ具体的ではありません。私の経験上、これらの言い方で子ども達に理解してもらえた試しはほとんどありません。

では、どのように言うと効果があるとかというと――。

よい例

「あそこの水のところで遊ぶと、ドッテーンと滑って転んで頭をぶつけて、とっても痛い思いをするから、行くときは一緒に行こうね。一人では行かないでね」

「あそこの水のところで遊ぶと、もしもあの水の中に落ちてしまったら、深いところでブクブクブクっと潜って苦しくなってしまうから、行くときは一緒に行こうね。遊びたいときは一緒に行こうね」

これらの言い方には、「ダメな例」とくらべて、子どもが〝なぜ危ないのか〟がより理解しやすい説明が具体的に入っています。この言い方をそのまま言えばよいというわけではなく、対象者の性格や理解度に合わせ、ジェスチャーを入れながらじっくりと説明してあげるのがポイントです。説明時間がほんの10秒伸びるだけで安全度があがるのであれば、そうしない手はないですね。ぜひ実践してください。

〝私の気持ち〟が子どもを救う

公園には、木の枝や小石など振り回したり投げると面白いものがたくさんあります。

子ども達は、当然それらを見つけたら遊びたくなるでしょう。また、子どもが２人、３人と集まれば、子どもの仕事の一つ、「けんか」が起きることもあるでしょう。相手にケガをさせてしまうような危ない遊びも、けんかも、健全に成長するためには幼児期に必要な経験だと私は思っています。ただ、本人にも、相手にも、身体や心に大ケガを負わせてしまうわけにはいきません。

こういった場面で保護者や指導者がよくする話し方は、「〇〇ちゃんがかわいそうでしょ」「〇〇ちゃんにケガさせないでね」「危ないからやめて」といった、話の方向が遊んでいる本人やその友達に向いているものです。もちろんこの話し方でも効果がないわけではありませんが、遊びが白熱化しているときにはなかなかな効果が出ません。

このような状況の時に大切なのが、保護者や指導者の「私の気持ち」なのです。〝もしも〟の時が起こったときに、〝私〟がどういう気持ちになるのかを伝えることが大切です。

私の気持ちをどのように伝えるのかをご紹介しましょう。

〈状況〉

子どもが友達と小石の投げっこをしています。はじめはよかったの

ですが、だんだん白熱してきて相手に小石を当て始めました。

このままだと自分の子どもも相手の子どももケガをしてしまいそうなので、一度止めたい。

悪い例

「〇〇ちゃんがケガするよ！　やめなさい！」

「あぶないからやめなさい！」

「石が当たったらケガをするからやめなさい！」

どれもはじめは効き目があるかもしれませんが、遊びが再開するとまた同じような場面になってしまうことが多いのです。

では、どのように「私の気持ち」を入れるかというと

よい例

「もしも〇〇ちゃんに石が当たってケガをさせたら、お母さんはとっても悲しい気持ちになるからやめてほしいな」

「もしもあなたに石が当たったらケガをしてしまうのではないかと思って、とっても心配な気持ちなの。だからこの遊びはやめてほしいな」

このように、「私」が、「なぜ」「どう思うか」を子どもに伝えることが大切です。そうすることによって、その遊びをやめる、そのけんかをやめるための新しい理由が生まれます。しかもその理由が、自分が一番好きなお母さんの気持ちだとすれば、きっと子どもは理解してくれると思います。

子どもはその時その時の気分で反応が大きく変わってしまいますが、時にはこのような「私の気持ち」を丁寧に伝えてあげてみるのもよいと思います。

子どもの痛みは、子どもにしかわからない

「ウェーン。痛いよ〜！」「大丈夫、大丈夫。全然痛くないよ」。子どもが転んで膝をすりむいたときなどに、よくある子どもと保護者・指導者との会話です。そしてこの会話の直後、子どもがさらに泣いてしまったり座り込んでしまうといった様子もよく見る光景だと思います。子どもがどこかをぶつけたり、すりむいたりした時に、第一

声で保護者や先生が「大丈夫」ということほど無責任な話はありません。
子どもは痛くて泣いているのかもしれないし、痛みよりもびっくりして泣いているのかもしれません。そのような状況は、子どもにとって「大丈夫」なわけがないのです。一方的に大人が大丈夫にしてしまうのではなく、まずはちゃんとその痛みを聞いてあげるようにしましょう。ケガの状態に対する「大丈夫だよ」ではなく、ちゃんと対象者の痛みを知ってから包み込む「大丈夫だよ」の優しさを伝えてあげるのがよいと思います。

とある保育園の先生が、とっても素敵な会話をしていたのが今でも記憶に残っていますので少しご紹介します。

子ども「ウェーン！　痛いよー。痛い！」
先生「○○ちゃん、どうしたの？」
子ども「痛いの。ウェーン！」
先生「そうね。○○ちゃん、なんだかとっても痛そうね。どこが痛いの」

子ども「(手のひらを見せて) ここが痛いの」
先生「本当だ。とっても痛そうね。どうしてこうなっちゃったの?」
子ども「あのね、……(理由を話す子ども)……なの」
先生「そうだったの。それは痛かったでしょう。でも、もう大丈夫よ。ちょっと見てみましょうね」
子ども「うん」
先生「ちょっと赤くなっているけど、切れていないし、血も出ていないし、大丈夫そうよ」
子ども「うん」

この会話をしていくうちに、子どもはだんだん元気になってきていました。傷口に対しての「大丈夫」を医者ではない私達は本当の意味では言えませんが、子どものこの状況に対しては「大丈夫」と言ってあげられるように、まずはその子の痛みを知るところから始めてみてください。
そうすれば、その子は自分で納得するでしょう。そして、その子にとってとても短い時間でまた遊びに戻って行けるようになると思います。

紹介させていただいた3つの方法はとってもシンプルで簡単ですが、保護者や指導者が「あわてている」「興奮している」「面倒くさい」という気持ちがあるとなかなかできないことかもしれません。しかし、こうしたことで、子どもの心と身体の安全を確保できると思い、ぜひ一手間かけて話をしてみてください。自然遊びの場だけではなく、きっと日常でも活用できるのではないかと思います。

もしもの対処法

自然遊びだけでなく日常の遊びでも、「もしも子どもに何かが起きたらどうしよう」と不安に思うことが保護者や指導者の方にはあると思います。不安が募ると、結果的に子ども達にさせてあげられる遊びの幅は一気に狭まります。

まずはこの章でお伝えしてきたように「未然に防ぐ」ことが大切になります。しかしながら、子ども達の成長につながる自然遊びをさせようと思えば思うほど、思いもよらぬタイミングでケガは起きるものです。その〝もしも〟を想定して準備をしておけばすぐに対応できますし、また自分がちゃんと対応できるということが保護者や指導者の安心感にもつながります。

公園での自然遊びで起きそうなケガなどを5種類、

2種類の補足事項をあげてその対処法を記載しますので、体得できなくてもこの本には書いてあるのだと思っていただければ役立つと思います。

困ったら救急車

日本では、なんとなく救急車は簡単には呼びづらい存在になっていると思いますが、〝いざ〟というときは迷わず呼ぶようにしましょう。「呼ぶほどのことじゃなかったら恥ずかしい」「近隣の人に白い目で見られそう」などと気にすることはありません。病院へ自分で搬送するよりも生存率や後遺症が残らない確率が大幅にあがります。

救急車が来て、もしも救急搬送が必要ないような状態であったとしても、子どもに起きた状況を説明すると適切な処置方法を教えてくれます。プロの指示を仰いで対応ができるというだけでも、子ども達を守るためには大きな助けになります。これは自然遊びの場以外でも同じなので、ぜひ知っておいてください。

救急車を呼ぶべき状態

迷わず救急車を呼ぶべき状態を以下にあげておきます。以下の５つのうち、どれか一つにでも当てはまったら即「１１９番」に通報をしてください。自分ができない場合は、近くの人にお願いするのも一つの手です。

●呼吸がない。
●意識がない。
●出血が尋常じゃない。
●強い衝撃を受けた（車にひかれたなど）。
●子どもの状態がいつもと全然違っていて、どうしてよいかわからない。

救急車を呼ぶときに伝えること

子どもの状況を適切に伝えられればより迅速な対応をしてもらえますので、以下の３つは必ず伝えられるようにしておきましょう。基本的に、電話の受け手が必要な情報を収集するためにいろいろ質問をしてくれます。保護者や指導者に必要なのは「冷静になる」ことです。

●何時ころ、どのようなことが起きたのか？

●子どもがどういう状態なのか?
●場所はどこか?（住所、公園名、目印など）

擦り傷・切り傷

擦り傷や切り傷は、自然遊びでは一番起きる可能性が高いケガです。軽いものに関しては、まず「がんばった、思いっきり楽しんだ証」として、そのケガのストーリーを聞いてあげましょう。しかし、いくら軽い擦り傷や切り傷といっても、炎症や感染症を防ぐために、適切な処置はしておいたほうがよいので、処置についてはしっかりと知っておきましょう。

手当のしかた

①泥、砂など、すべての異物を清潔な水で洗い流します。
②血が出ている場合は、ガーゼなどで傷口を強く押さえて血が止まるのを待ちます。
③絆創膏などで傷口をふさぎます
※指導者が手当をする場合は、医療業法などには注意しましょう。

トゲ

トゲも、擦り傷や切り傷と同じように、炎症や感染症を防ぐために、刺さったら取り除く必要があります。また、刺さったトゲの長さや形状によっては、刺さったままだととても痛い状態が続きます。

手当のしかた

①トゲの端が皮膚から出ている場合は、毛抜きでつまんでトゲが入っている角度で引き抜きます。また、トゲの端が外に出ていない場合は小さな針でトゲのまわりの皮膚を広げてトゲの端を出してから抜きます。

②血が出ている場合は、ガーゼなどで傷口を強く押さえて血が止まるのを待ちます。

③絆創膏などで傷口をふさぎます。

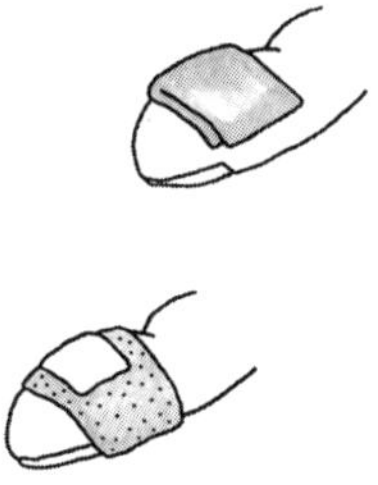

※トゲが完全に取り出せない場合は、医師に診てもらうようにしましょう。

鼻血

鼻血はたいがい深刻なものではなく、簡単に対処することができます。命に関わるようなことは滅多にありません。

手当のしかた

①ベンチなどにまっすぐ座らせて、あごを軽く引いて下を向かせる。
②親指と人差し指で鼻を10分前後つまみます。
③口の中に鼻血がたまってきたらはき出させる。
※この処置を行っても鼻血が止まらない場合はすぐに病院へ行くようにしましょう。また、頭を後ろにそらせて後頭部を軽くたたくなどの昔からの民間療法は、鼻血を飲み込んだり嘔吐などにつながるのでやめましょう。

歯のケガ

前のめりで転ぶなどして、強い衝撃で歯が折れたり、抜けたり、ぐらついたりしてしまうことがあります。歯がまだその場にとどまっている場合は、できるだけ早く歯科医に診てもらうようにしましょう。

まだ永久歯に生え替わる前でしたら、歯のケガに対してそれほど心配はありませんが、永久歯の場合はどれだけ早く専門医に診察してもらうかがポイントになります。

虫刺され

蚊や蜂など、自然の中には刺す虫がいます。蚊に刺された場合は患部を清潔にしてかゆみ止めなどで対応ができますが、ミツバチやスズメバチとなると、対応が大きく変わってきます。

ミツバチに刺された場合の手当のしかた

ミツバチは、一度刺すと針を残して飛び去ります。針には毒の袋が残っていて、ミツバチが去ったあとでもその毒の袋から毒が出続けます。

①皮膚に残っている針を取り除きます。

②傷口を水などで洗い、清潔な状態にする。
③様子を見て、腫れがひどかったり、そのほかいつもと違う症状が出たら病院で対処してもらいましょう。

スズメバチに刺された場合の手当のしかた

スズメバチは、ミツバチと違い、何度も刺しに来ます。また、非常に強い毒を持っていますので、時に命に関わるアレルギー反応（アナフィラキシーショック）が出る場合があります。

スズメバチに刺されたと思ったら、とにかく救急車を呼び、医師の診断を受けるようにしましょう。

熱中症・熱射病

自分の力で体温を下げることができない状態になるのが熱中症・熱射病です。毎年、テレビやラジオで報道されるこの症状は、時として命を落とす危険があります。まずは未然に防ぐことが保護者や指導者の役割です。それでもなってしまった場合は、適切な手当をするようにしましょう。

熱中症・熱射病を未然に防ぐ方法

①水分を十分にとります。おしっこが室内で過ごしているときの１・５倍ほど回数が多いくらい、水分をとることを心がけましょう。塩分を含んだスポーツドリンクなどがオススメです。

②こまめな休憩をとります。休憩は日陰など、体を冷ませるような場所でとるようにしましょう。

熱中症・熱射病の手当のしかた

熱中症、熱射病になってしまうと、激しく汗をかいたり、嘔吐、頭痛やめまいなどが起き始め、次第に意識がなくなっていきます。熱中症・熱射病の症状かもしれないと思ったら、すぐに１１９番通報をしましょう。その上で次のような処置をとってください。

①どんな方法でもよいので冷やします。服のまま全身に水をかけて風を送ったり、濡らした保護者や指導者の服でくるんだり、可能であれば水の中に対象者をしっか

りと支えたままつけましょう。

②まだ意識がある場合は、塩分を含んだ冷たい飲み物などを無理のない程度で摂取させます。

もしもの対応を学びたい方へ

子どもが安全に自然遊びができるようにサポートし、またもしもの時にしっかりと対応をしたいと考えている方は、消防署、赤十字、民間などでさまざまな救急法の講習を行っているので、事前にしっかりと体得しておくとよいでしょう。こういった講習を受講することにより、もしもの時に対処できるようになるだけでなく、自然の中で子どもを遊ばせる際の保護者や指導者の〝安心感〟にもつながります。

どの団体が行っている講習もしっかりと必要なことを学ぶことができますが、個人的には現在、私の所属している会社でも講習を行っている「メディック・ファースト・エイド®」がオススメです。メディック・ファースト・エイド®は、世界各国で利用されている一般市民レベルの、国際基準に基づいた応急救護の講習です。講習には様々なコースがあるのですが、その一つに小児、乳児を主な対

象としてスキルを学べる「チャイルドケアプラス™・コース」があり、日本の法律を逸脱することなく応急救護に当たることができます。

小さなケガは、子どもが〝いつもより冒険をした証〟だと私は思っています。その小さなケガが原因で遊びが終わってしまうのはとてももったいないことです。ここまであげた事例の中でも、軽いものに関してはぜひ笑顔で、落ち着いて対応してあげてください。また、緊急を要するものは迷わず救急車を呼ぶ心構えも大切です。皆さんの素早く安心感のある対応が、きっとまた次の成長につながってくれるはずです。

あとがき

今回、この本のタイトルを決めるのにとっても苦労しました。いろいろなタイトルが候補にあがり、チームメンバーと悩みに悩んで最終的に決まったのがこのタイトル「ネイチャーエデュケーション」です。この言葉は造語で現在よく使われている言葉ではありませんが、たくさんの想いをこめてこのタイトルに決めました。

その想いの一つが、「自然が先生」です。自然は老若男女どんな方でも自由なアプローチの仕方で関わり、好きな五感の一つ、そしてそれぞれの感じ方に合わせてさまざまな学びを与えてくれます。この学びは先生が何かを教えるといった教育ではなく、自然が先生なのです。そうはいっても自然は言葉を発しませんから、どんなことを自然から教えてもらうかはその人次第です。それだけに、自然と関わる人間も自然な状態で、本書に書いたような楽しみ方を大人も子どもも一緒に楽しんでほしいなと思っています。

今、世界ではさまざまな視点から「自然」が注目されています。ひっつき虫、くっつき虫と呼ばれる種からヒントを得てマジックテープが生まれたバイオミミクリーの世界。地球上にある素材を超える新しい自然の資源を求めたり、地球の始まりを探るといった知的探求などのために宇宙へ目を向ける宇宙産業。震災、その他自然災害といった自然の脅威から人類や他の生命を守るために地球を観察し、研究をする世界。生態系から会社のあるべき姿を探り、世界の経済をよくしようとする新しい経済学の世界など、その幅はさまざまです。

これらの世界で共通していることは、皆幼少の頃に自然の中でたくさん遊び、そこから自然の不思議や面白さ、楽しさや怖さを体感しているといった「原体験」があることだと私は思います。自然とのふれあいが少なくなってきたといわれている昨今、豊富な原体験こそがこれからの日本を担っていく子ども達にとって必要な要素になっていくのではないかと思います。それだけに、私は子ども達にはできるだけ早い時期から先入観を持つ前に自然と触れて欲しいのです。

もちろん、「将来のために」といった大いなる目的がなくても、春夏秋冬という素晴らしい四季がある日本の自然観を身近な自然から感じ、季節を楽しめるだけでも日本人として生まれてこられたことに幸せを感じられるのではないかと思います。

この本は、私が歩むまだまだ未熟な道のりの一部を皆さんと共有したくて書かせていただきました。ですからきっと本書に記載されていること以外にももっと面白い遊び方、考え方を私自身もこれから学んでいくでしょうし、また、その学びをもっと多くの方と共有しあいたいと思っています。もしも「こんなことがあるよ」「こんな考え方はどうだろう?」など、皆さんの学びや気づきを教えていただけたら嬉しいなと思っています。ここに私のブログのアドレスを記しますので、よろしければ、ぜひメッセージを送ってください。引き続きいろいろな形で共有させていただいたことをアウトプットしていければと思っています。

Blog HASEBE-SHIKI
http://hasebemasakazu.com/

最後になりましたが、この本を書くにあたってさまざまな協力をしていただきました保育園や幼稚園の皆さん、アウトドアメーカーやアウトドア雑誌関係者の皆さん、そして出版に向けて長期間おつきあいをいただいたチームの皆さん、そして本書を読んでくださった皆さんに感謝の言葉をお伝えいたします。

ありがとうございました!

長谷部 雅一

Profile ● 長谷部 雅一（はせべ　まさかず）

1977年4月5日生まれ。埼玉県出身。有限会社ビーネイチャー取締役。

2000年から2001年にかけて世界一周の旅をして、7000メートル級の山から小さな村や大都市まで、自然とひと、文化にふれあう。現在も国内外を歩く旅人。

仕事の範囲は広く、アウトドアイベントの企画・運営の他、研修講師、応急救護講習講師、自然ガイドも務める。

幼稚園や保育園での活動に力を入れていて、保育士向けに自然体験指導者育成、幼児へは自然体験を通じてボディーバランス、感性、社会性を育む教育などを行う。

ビジネスマン向け情報誌やアウトドア雑誌などで連載多数。

アウトドア、幼児教育、防災関連を主として、テレビなど多数のメディアにて活躍中。

Profile ● 有限会社ビーネイチャー
「自然・人・社会のよりよいつながりをつくり育む」をテーマに、人材育成やプログラム／ワークショップを企画・運営している。参加型の場づくりの技法＝ファシリテーションを基盤とし、自然やアウトドアの豊富な経験・知識とスキルを活かした、オーダーメイド感覚の丁寧な企画づくりが特徴。複数の保育園／幼稚園にて、園児の自然体験活動の指導や職員の研修を実施している。
Be-Nature School
MAIL　letit@be-nature.jp
Be-Nature School のウエブサイト http://www.be-nature.jp

ネイチャーエデュケーション
身近な公園で子どもを夢中にさせる自然教育

2015年4月10日 初版第1刷発行

著　者　長谷部 雅一（イラスト・写真とも）
発行者　安 修平
発　行　株式会社みくに出版
〒150-0021 東京都渋谷区恵比寿西2-3-14
電話 03-3770-6930 FAX.03-3770-6931
http://www.mikuni-webshop.com/
印刷・製本　サンエー印刷

ISBN978-4-0573-0 C0076